"十四五"职业教育国家规划教材

| 职业教育电子商务专业 系列教材 |

商务软文写作

（第2版）

主　编 / 唐汉邦
副主编 / 李炳莉　李燕珊
参　编 / （排名不分先后）
黄燕华　杨春丽　黄雄生　许伟洁
黄有志　许　刚

重庆大学出版社

内容提要

本书采用“项目→任务→活动”的编写体例。以项目为模块，通过任务驱动，在活动实施中渗透践行社会主义核心价值观、讲好乡村振兴故事、树立民族品牌意识等思政教育，任务实践与岗位教育、劳动教育相结合，理实一体系统学习商务软文写作。本书共9个项目，内容主要包括走进软文世界、探索软广告与硬广告之间的秘密、认识软文的基本组成、撰写软文标题、揭秘软文写作内容及技巧、熟悉软文创意写作技巧、设置软文关键词、分析软文发布平台、树立软文写作的职业道德与法律意识。

本书可作为职业院校电子商务、财经商贸类相关专业学生的教材，也可作为其他从事商务软文写作人员的参考用书和学习读物。

图书在版编目（CIP）数据

商务软文写作 / 唐汉邦主编. -- 2版. -- 重庆：重庆大学出版社，2022.12（2025.7重印）

职业教育电子商务专业系列教材

ISBN 978-7-5689-0979-2

Ⅰ.①商… Ⅱ.①唐… Ⅲ.①市场营销学—文书—写作—职业教育—教材 Ⅳ.①F713.50

中国版本图书馆CIP数据核字（2022）第021084号

职业教育电子商务专业系列教材

商务软文写作（第2版）

SHANGWU RUANWEN XIEZUO

主　编　唐汉邦

副主编　李炳莉　李燕珊

策划编辑：王海琼

责任编辑：王海琼　　版式设计：王海琼

责任校对：关德强　　责任印制：赵　晟

*

重庆大学出版社出版发行

社址：重庆市沙坪坝区大学城西路 21 号

邮编：401331

电话：（023）88617190　88617185（中小学）

传真：（023）88617186　88617166

网址：http://www.cqup.com.cn

邮箱：fxk@cqup.com.cn（营销中心）

全国新华书店经销

重庆市正前方彩色印刷有限公司印刷

*

开本：787mm × 1092mm　1/16　印张：11.25　字数：282 千

2018 年 3 月第 1 版　2022 年 12 月第 2 版　2025 年 7 月第 7 次印刷（总第17次印刷）

印数：71 001—79 000

ISBN 978-7-5689-0979-2　定价：39.00元

编写人员名单

主　编　唐汉邦　中山市沙溪理工学校

副主编　李炳莉　佛山市顺德区陈村职业技术学校

　　　　李燕珊　广州市财经商贸职业学校

参　编（排名不分先后）

　　　　黄燕华　中山市沙溪理工学校

　　　　杨春丽　广州市财经商贸职业学校

　　　　黄雄生　中山市沙溪理工学校

　　　　许伟洁　佛山市顺德区陈村职业技术学校

　　　　黄有志　佛山华材职业技术学校

　　　　许　刚　中山市买它网络科技有限公司

前　言（第2版）

什么是商务软文？要写出一篇有价值的优秀商务软文，需掌握哪些知识？这些问题在本教材第1版已经表述清楚。随着互联网技术和电子商务技术的快速发展，特别是"5G"技术广泛应用，手机网络购物、直播带货、跨境电商等电子商务领域已经发生了深刻变化。为适应电子商务发展对商务软文写作人员岗位新的要求，以及结合电子商务专业新的课程标准，编写组对本教材第1版进行了全面修订。一是坚持落实立德树人的根本任务，基本上对每个任务中的每个活动内容进行了修订，渗透践行社会主义核心价值观、讲好乡村振兴故事、树立民族品牌意识、劳动教育等思政教育，通过课程思政来培技育人，实现人才德技并修；二是更新了大量案例和数据，以最新的案例和数据促进本教材紧跟时代、专业技术的发展，与时俱进；三是修订了部分文字表述，教材语言更规范、更简练、更专业；四是增加了二维码拓展内容，教材内容更立体、更丰富。本教材的内容主要包括9个项目：走进软文世界、探索软广告与硬广告之间的秘密、认识软文的基本组成、撰写软文标题、揭秘软文写作内容及技巧、熟悉软文创意写作技巧、设置软文关键词、分析软文发布平台、树立软文写作的职业道德与法律意识。每个项目均安排了具体的情境任务、理论知识、课堂活动、合作实训和项目检测题。本书具有以下特点：

1.本书打破了职业院校教材的传统编写模式，采用"项目→任务→活动"的编写体例，避免了从纯理论入手的传统教学模式。

2.本书编写的内容以学生为主体，以项目任务为驱动，理论与实践相结合，在活动实施中渗透思政教育。

3.本书的编写得到了合作企业具有丰富软文写作经验的专家的参与及指导，确保了内容的实用性及适时性，以帮助读者更加贴近真实任务环境。

本书项目由若干任务组成，每个任务又分解成若干活动。项目的基本结构如下：

【项目综述】简述本项目的背景、学习目标和要完成的具体任务。

【项目目标】明确本项目应达到的目标。

【项目任务】说明本项目分解成的任务。

【情境设计】依据真实的学习需要设定的情境。

【知识窗】完成本任务所需要掌握的理论知识。

【活动实施】实践理论知识，转化成需要掌握的技能。

【合作实训】巩固知识和培养基本职业素养。

【项目总结】回顾本项目所涉及的知识和能掌握的技能。

【项目检测】帮助理解、巩固和消化本项目的知识。

为了方便教学，作者为本书提供了配套资料：项目教学设计和多媒体课件、项目检测练习题参考答案。

本书的配套资料可以在重庆大学出版社的资源网站（www.cqup.com.cn）上下载。

本书由唐汉邦担任主编，负责统筹编写和审稿，由李炳莉和李燕珊担任副主编，协助完成配套资料的制作。项目1由唐汉邦编写，项目2由黄燕华编写，项目3由李炳莉编写，项目4由李燕珊编写，项目5由杨春丽编写，项目6由黄雄生编写，项目7由许伟洁编写，项目8由李炳莉编写，项目9由黄有志编写。在本书的编写过程中，作者参阅、借鉴并引用了大量有关软文方面的书籍、电子资料，并浏览诸多相关网站、论坛等，所收集的资料为本书的编写提供了参考，在此深表感谢。本书的出版特别得到了重庆大学出版社、中山市买它网络科技有限公司的大力支持以及企业人员许刚为教材编写提出的宝贵建议，在此一并致以衷心的感谢！

限于作者的编写水平，书中难免存在错漏之处，恳请读者和同行不吝指教。

联系邮箱：402789690@qq.com

编　者

2021年12月

前 言

本书是职业教育电子商务专业“十三五”规划系列教材之一。什么是商务软文？要写出一篇有价值的优秀软文，需掌握哪些知识？带着这些问题，读者读完本书将能得到解答。随着互联网的快速发展，电子商务技术对整个社会的影响已进入新的阶段。网络购物逐渐成为时尚，这样潜在的巨大市场，每个商家都不可忽视。因此，为了提高商品的销售额，商家逐渐从中规中矩的产品介绍向利用软文传播转型。

未来几年，在“互联网+”行动计划推动下，受大中企业青睐的商务软文将会爆发新的力量，小微企业也将借助软文的力量获取更大的效益。随之而来的，是对商务软文写作及营销人才的大量需求。本书结合当前商务软文应用的最新发展动态，比较全面系统地介绍了商务软文的基本知识和需要掌握的技能。内容主要包括9个项目模块：走进软文世界、探索软广告与硬广告之间的秘密、认识软文的基本组成、撰写软文标题、揭秘软文写作内容及技巧、熟悉软文创意写作技巧、设置软文关键词、分析软文发布平台、树立软文写作的职业道德与法律意识。每个项目安排了具体的情境任务、理论知识、课堂活动、合作实训和项目检测题。

本书具有以下特点：

1.本书打破中职教材的传统编写模式，采用“项目—任务—活动”的编写体例，避免了从纯理论入手的传统教学模式。

2.本书编写的内容以学生为主体，以项目任务为驱动，理论与实践相结合。

3.本书的编写，得到合作企业具有丰富软文写作经验的专家的参与及指导，确保了内容的实用性及适时性，帮助读者更加贴近真实任务环境。

本书项目由若干任务组成，每个任务分解成若干活动。项目的基本结构如下：

【项目综述】 简述本项目的背景、学习目标和要完成的具体任务。

【项目目标】明确本项目应达到的目标。

【项目任务】说明本项目分解成的任务。

【情境设计】依据真实的学习需要设定的情境。

【知识窗】完成本任务所需要掌握的理论知识。

【活动实施】实践理论知识，转化成需要掌握的技能。

【合作实训】巩固知识和培养基本职业素养。

【项目总结】回顾本项目所涉及的知识和能掌握的技能。

【项目检测】帮助理解、巩固和消化本项目的知识。

为了方便教学，作者为本书提供了配套资料：项目教学设计和多媒体课件、项目检测练习题参考答案。

本书的配套资料可以在重庆大学出版社的资源网站（www.cqup.com.cn，用户名和密码：cqup）上下载。

本书由唐汉邦担任主编，负责统筹编写和审稿，由李炳莉和孙红娟担任副主编，协助完成配套资料的制作。项目1由唐汉邦编写，项目2由黄燕华编写，项目3由李炳莉编写，项目4由孙红娟编写，项目5由吴享明编写，项目6由黄雄生编写，项目7由许伟洁编写，项目8由陈亮编写，项目9由黄有志编写。在本书的编写过程中，作者参阅、借鉴并引用了大量有关软文方面的书籍、电子资料，并浏览诸多相关网站、论坛等，所收集的资料为本书的编写提供了参考，在此深表感谢。本书的出版特别得到了重庆大学出版社、中山市波士金电子商务有限公司的大力支持以及徐海英为教材编写提出的宝贵建议，在此一并致以衷心的感谢！

限于作者的编写水平及时间仓促，书中难免有错漏之处，恳请读者和同行不吝指教。

联系邮箱：402789690@qq.com

编　者

2017年12月

目录

项目7 设置软文关键词

项目8 分析软文发布平台

项目9 树立软文写作的职业道德与法律意识

参考文献

项目 1
走进软文世界

回项目综述

中国互联网络信息中心（CNNIC）第48次《中国互联网络发展状况统计报告》数据显示，截至2021年6月，中国网民规模为10.11亿，较2020年12月新增网民2 175万，互联网普及率达71.6%。手机网民规模为10.07亿，较2020年12月新增手机网民2 092万，网民中使用手机上网的比例为99.6%。5G网络建设稳步推进，千兆宽带加速部署，10GPON6端口进入快速建设期，推动互联网络发展，深刻影响着人们的生活，为电子商务提供有力的网络支撑。数据显示，2021年上半年，全国网上零售额61 133亿元，同比增长23.2%，其中实物商品网上零售额50 263亿元。网上零售额大幅增长，离不开商家各种有效的营销手段，通过商务软文推广这种省钱省力且营销效果好的手段是商家最常用的商品营销手段。电子商务和网络营销的蓬勃发展催生了大量的软文营销人才需求。

陈思豪、胡柏群、王星亮等同学是电子商务专业的一年级学生。某天，校企合作企业E电园招聘商务软文写作岗位人员。以上3位同学了解到招聘信息后参加了面试，成功进入了企业，有了实习机会。他们希望通过边实习边学习，掌握商务软文写作的相关知识及技能，为今后进入电子商务领域从事软文写作及软文营销作好专业学习准备。

回项目目标

通过本项目的学习，应达到的具体目标如下：

知识目标

◇了解软文的概念

◇熟悉软文的作用及分类

◇认识软文的载体及其特点

能力目标

◇熟练操作搜索引擎

◇学会摘取网络上的经典软文案例

◇具备判断软文属类的能力

◇熟练使用大部分软文网络载体

素质目标

◇培养学生主动学习、独立解决问题的意识
◇培养学生团队合作意识
◇培养学生适应现代市场经济岗位需求的就业观和人生观
◇培养学生践行社会主义核心价值观的意识

项目思维导图

走进软文世界
- 了解软文的概念 —— 了解软文的概念
- 熟悉软文的作用及分类 —— 熟悉软文的作用及分类
- 认识软文的载体及其特点 —— 认识软文的载体及其特点

任务1 了解软文的概念

情境设计

陈思豪、胡柏群、王星亮等同学获知校企合作企业E电园面向校园招聘商务软文写作岗位人员，特别急需商务软文写手。陈思豪他们为了在招聘中脱颖而出，争取到难得的实习机会，需要提前做好软文写作方面的知识准备。在学校专业老师的指导下，他们组成了学习小组，借助网络进行信息化学习，了解软文发展的背景及基本概念，为招聘面试作准备。

任务分解

为了在招聘中脱颖而出，争取到难得的实习机会，陈思豪他们需要在专业老师的指导下，利用网络进行自主学习，通过网络搜索引擎搜索软文相关知识，了解软文的发展及软文的概念。此外，他们还需要学习对企业岗位的认知，学习策划、宣传等方面的知识，锻炼职业素养。

任务实施

活动 了解软文的概念

活动背景

陈思豪、胡柏群、王星亮3位同学是高一学生，虽然对电子商务知识有初步了解，但是对电子商务领域中关于软文写作的专业知识并不熟悉。因此，学校专业老师带领他们先学习软文的基础知识：什么是软文？然后通过小组活动巩固相关知识点。

知识窗

1.软文的发展背景

在人们的生活中，软文随处可见，如：文明，让城市生活更美好。让我们漫步在碧波荡漾的公园河边，流连于充盈着生活气息的户外广场，零距离感受城市文明气息。

追溯软文的历史，软文其实也有较早的起源。

宋代文学家苏轼，不仅成功代言了以自己名字命名的美食“东坡肉”（见图1.1.1），还为不下数十种商品写过广告词，这位伟大的文学家大概也称得上是当时的“广告大王”吧。从茶叶到馓子，再到猪肉，从风雅艺术品到生活必需品，苏轼代言的产品涉及领域之广、品种之多足以让人瞠目。当年在湖北黄州，因当地人不喜食猪肉，肉价异常便宜。当猪肉遇上了美食家苏轼时，它的命运便发生了翻天覆地的变化。他不仅带头吃猪肉，还大力推广吃猪肉的好处和做法，写下了著名的《猪肉颂》，著名的东坡肉就从那时流行了起来。

猪肉颂

宋·苏轼

净洗铛，少著水，柴头罨烟焰不起。
待他自熟莫催他，火候足时他自美。
黄州好猪肉，价贱如泥土。
贵者不肯吃，贫者不解煮。
早晨起来打两碗，饱得自家君莫管。

（摘自《法制晚报》）

图1.1.1　东坡肉

早期的软文营销，出现在20世纪七八十年代，当时的形式较为简单，比较直接，是企业付费在报纸、杂志上刊登的企业广告。在那个年代，公众对于广告的抵触心理不是太严重，企业对于软文内容的处理不需要过多考虑用户的兴趣爱好特征，重点关注简单直白的宣传效果和价格便宜。

到了21世纪初期，随着传媒行业的发展，软文的形式开始发生转变，传播的主场也从传统线下转变为媒体，并且形式也更加正式、规范和科学。随着网络科技的快速发展和电子商务的兴盛，软文掀起了另一个高潮。从2015年开始，新媒体进入了全媒体时代，跨平台开始迅速发展，生产大量文案，也造就了许多经典品牌。由于很多成功的企业背后，都存在一支出色的营销团队，而每支营销团队手下，必然会产出很多优秀的软文。凭借着网络平台的快速、广泛传播，在这短短几年时间里涌现了大量经典的软文案例。而此时网络软文更多的是“潜藏式广告”——把软文的功夫运用到营销的每个环节。这些高质量的软文在潜移默化中影响客户的选择，让客户在阅读文章时不知不觉地接受了营销人员所要传递的信息。所以，它为企业、产品带去了知名度和销售额，树立了品牌。

古代文人
也写软文来
吸引眼球

2.什么是软文

先看以下一段文：

一只狮子害得我差点没了工作

我的工作是负责公司里核心数据的动态监控，工作轻松但很机械化，时间久了就会产生想睡觉的念头。

一天，主管从门外经过，顺便监督一下我的工作状态，突然听到呼噜声，立刻推门而入大声训斥："这么重要的工作，怎么能睡觉？是不是不想干了？"

我："主管你先别激动，你且看看监控屏幕旁边……"

主管："哦，那是瑞星小狮子，为我们筑起安全防线的强大杀毒软件！"

以上是一则经典的推广瑞星杀毒软件的软文（见图1.1.2）。

图1.1.2 瑞星小狮子

软文（本书中指的是商务软文），顾名思义，与广告分类中的软广告相似，应该是能被人阅读，能说服别人，能将核心思想或者态度传播出去。这就意味着，软文必须具备很好的阅读性、很强的感染力和很高的传播性。有学者认为，软文是基于产品特点的概念诉求与问题分析，对消费者进行针对性心理引导的一种文字模式，从本质上来说，它是企业软性渗透的商业策略在广告形式上的实现，通常借助文字表达与舆论传播使消费者认同某种概念、观点和分析思路，从而达到宣传企业品牌、提高产品销量的目的。可以看出，软文的最终目的就是营销，将企业、产品的核心内容和思想推广给客户，进而让更多人知道、了解文章所传播的内容，并产生相应的共鸣。由此，我们可以将软文简单地理解为通过某种形式传播的，以达到某种目标的文字或文字的组合。换句话说，软文是有行动目标的，是要传播的文字或文字组合，是一种文字广告。

活动实施

搜一搜 了解软文的概念。

步骤1：利用网络选择合适的搜索引擎，如百度、360搜索、搜狗等搜索有关软文概念的解释，完成表1.1.1内容的填写。

表1.1.1　软文概念描述

项　目	内　容	选用的搜索引擎
解释一		
解释二		
整合理解的概念		

步骤2：成立学习小组，3～5人一组，把大家搜索的内容进行讨论，组合整理成较完整、准确的软文概念。

步骤3：各小组共同分享整理的成果，在老师的指导下，进一步加深对软文概念的理解。

找一找　欣赏软文案例。

步骤1：打开IE浏览器，输入百度引擎地址，打开百度搜索页面。

步骤2：在搜索引擎文本框中输入：经典软文案例和扶贫农产品软文，进行搜索。

步骤3：挑选你自己认为比较精彩的3则软文案例进行阅读，把软文内容摘取下来，收集并填入表1.1.2中或自行建立文档保存。

表1.1.2　软文案例列表

序号	软文标题	软文内容摘要	软文推广的产品
1			
2			
3			

步骤4：完成后，在老师的指导下分组进行相互交流分享。

步骤5：在老师的指导下，各组选出大家认为最精彩的一篇软文，上交给老师。

步骤6：老师把收集的软文进行赏析，教学生学会鉴赏。

活动评价

陈思豪及其小组成员通过活动，初步了解了软文的发展背景及其概念，利用互联网的学习，加深了对软文的了解，不断理解软文的本质。在学习过程中，小组成员学会了独立学习，也尝试了合作带来的乐趣，培养了团队意识。通过搜索扶贫农产品相关软文，了解国家有关扶贫政策、乡村振兴故事。

合作实训

实训名称：软文手抄报大比拼。

实训背景：陈思豪、胡柏群、王星亮3位同学通过对软文的初步学习及在网络上对软文知识的了解，对软文写作产生了浓厚的兴趣，并且了解到随着电子商务的快速发展，未来在电子商务领域对懂得软文写作及营销的人才需求量将会很大。为了让班级里的同学喜欢上软文写作，共同营造良好的学习软文写作的氛围，他们主动向老师提出策划一次"软文手抄报大比拼"的比赛。

实训目的：让更多人喜欢软文写作，共同营造良好的软文写作学习氛围，为今后专业学习打下基础。

实训过程：

步骤1：先向专业老师提出活动申请，然后在专业老师的同意下，组建活动策划小组，推举陈思豪担任活动小组组长。

步骤2：陈思豪组织策划小组开会讨论，共同制订本次活动的方案。将活动方案提交给班主任，在班主任同意后，申请相关的活动经费，主要用于购买比赛的用品和奖品。

步骤3：制订好活动宣传和实施计划，按照表1.1.3各自完成准备工作。

表1.1.3 活动任务分工表

序号	工作任务	负责人	团队职位	时间/天	工作成果
1	制订活动实施计划	陈思豪	总负责	2	计划书
2	手抄报用纸、比赛奖品的准备	胡柏群	后勤	1	物品
3	具体活动的实施及宣传	王星亮	策划、宣传	1	活动实施具体方案、宣传单

步骤4：活动任务明确后，各负责人分别开展工作。

步骤5：利用班会课宣传和发动同学积极参加比赛，鼓励同学热情参与专业课学习实践。说明活动规则。

步骤6：收集同学上交的作品，全部在班级进行展示。

步骤7：组织同学投票评价，一人一票，除自己作品外，手中的票可以投给任何一件自己认为优秀的作品。

步骤8：统计投票结果，公布获奖作品，在老师的指导下组织颁奖。

步骤9：开会总结经验，由小组长负责撰写总结报告。

实训小结：通过本次比赛活动，小组成员了解了同学们目前对软文的认识情况，同时也激发了大家学习软文的兴趣。小组成员在活动过程中，巩固和加深了软文知识的学习，职业素养方面也得到了锻炼。活动结束后，总结分析活动策划的得失，为今后团队工作打下了良好基础。

任务2 熟悉软文的作用及分类

情境设计

经过上次任务学习，陈思豪、胡柏群、王星亮等同学对于软文方面的知识有了初步的了解。但是，仅仅了解软文的概念还不足以满足应聘的要求，要想争取到实习机会，他们还需要了解更多有关软文的知识，增加知识储备。那么，陈思豪他们下一步需要了解软文的哪些内容呢？

任务分解

为了更多地学习软文知识，储备知识迎接招聘面试，陈思豪他们需要在专业老师的指导下学习，通过信息化手段学习相关知识，熟悉软文的作用及其分类，同时培养自身严谨的学习态度。

任务实施

活动 熟悉软文的作用及分类

活动背景

陈思豪及其小组成员通过上次任务的学习，对软文概念有了初步了解，现在需要深入学习软文其他方面的知识。因此，专业老师带领他们学习软文的基础知识：软文的作用及分类。然后通过网络学习和小组活动巩固相关知识。

知识窗

1.软文的作用

软文是以文字的形式对自己所要营销的产品进行推广，来促进产品的销售。其本质仍是广告，只不过表现形式是以文字的形式出现，其作用依然明显。

（1）软文的直接作用

在众多网络推广方式中，软文以可读性强、流通性广、效果持久等特点广受追捧。具体的作用主要包括以下4点：

①可以降低企业的广告成本。

一般的网络广告成本非常高，比如百度竞价虽然比较精准，但是同行点击占据一部分广告费用，加大了广告费用的耗损。硬性广告一般能获得较好的流量，但是针对的用户群体不够精准，而且广告的费用很高。一篇或者一系列软文的价格比竞价或者硬性广告低得多，而且一篇好的软文别人会免费帮助转载，扩大软文的传播范围。如《他的白菜不普通，两颗就要五十五元，这究竟是为何？》这篇软文就曾引发他人广泛转载。

②可以提高用户的关注度。

同一时间段大量的网络软文发布，可以使推广者的网站很快被人关注。特别是新网站刚刚建立并进行推广的时候，这是常用的做法，而且在网站初期可以吸引一批最早的关注者或潜在客户。

③可以打造和提高产品品牌知名度。

推广者可以通过大量的文章进行互联网营销，宣传自己公司的形象、树立品牌，尤其是运用敏锐的洞察力去解决客户的实际问题，这无疑为自己的信誉度增加了砝码。如果软文写得好，与读者的切身利益相关并能提供有建设性的帮助和建议，就能非常有效地影响读者的认知，有效地说服读者。

④可以传播作者的价值观。

软文不同于硬广告，它很大程度上带有个人的分析，这属于个人价值观的一种表达，不仅可以表达观点，而且可以宣传产品，引导用户消费。如果文笔够好，还可以吸引相同观点的用户共同讨论。

（2）软文的间接作用

软文在网络营销推广中之所以起着举足轻重的作用，主要是因为一篇好的软文不仅能为企业网站带来大量流量，而且若将这种流量加以转化，就可变成一种较大的商业价值，最终体现软文营销价值。

①可以增加有效外链。

在软文中带入自己网站的链接，可以增加有效外链，引导搜索引擎来到推广者的网站上，从而增加被搜索引擎搜录的概率和排名。优秀的软文，可以间接地链接到推广者的网站，如果相关度很高，读者感觉很受用，就很可能会直接或间接地访问网站。

②可以提高网站流量。

新建网站要引入流量是很难的。一篇优质的软文，可以为网站带来惊人的流量，而且软文所带来的流量转化率往往都比较高，可以间接提高网站产品的销售量。因此，如果通过写作软文并附带链接，那么就会有人点击，这样的点击行为直接为推广者的网站带来了基础流量。

③可以提高关键词排名。

在软文中穿插关键字和长尾关键词，可以有效地增加关键词的密度，加上有效的外链和流量，将对关键词排名提高起到明显效果。如果把软文发布到新闻源或者是权重比较高的网站上，有机会提高网站的曝光率和高质量外链的数量，同时可以引导权重的传递。如果在文章中合理地嵌入相关的关键词，就可以增加被别人搜索到的机会。

2.软文的分类

角度不同，软文的分类也有所不同。

根据体裁，软文可以分为两大类：一类是文章体裁，分为记叙文、议论文、说明文；另一类是文学体裁，分为小说、诗歌、戏剧、散文。在上述文体中，都可以植入某种行动目标，因此都可以成为软文。

根据软文的内容特点，软文可以分为新闻类、故事类和科普类等。

根据软文的主要行动目标，软文可以分为产品类软文、服务类软文、品牌类软文、公关类软文。

根据人们的理解方式，软文可以分为传统软文和网络软文。

根据软文营销作用，软文可以分为推广类软文、公众类软文、品牌类软文。

案例索引：新闻类软文

黄金外壳，68万元的手机在机场不见了

黄金外壳，机身800多颗钻石，价值68万余元的Vertu（纬图）手机——不见了（见图1.2.1）！

钱江晚报

存款保险条例公开征求意见 最高偿付限额50万元

央行专家解读存款保险制度热点问题

今后，我们怎样存钱更安全

A10

黄金外壳

800多颗镶钻

68万元的手机

在机场不见了

土豪失主和民警一路寻找

捡到的人还不识货

A7

浙江最大野生榧树林

遇到了生存危机

毛竹与榧树争地盘，保榧还是保竹，大家很纠结

A4

图1.2.1　《钱江晚报》新闻报道

这事就发生在前天中午的温州机场内。失主林老板虽说是个生意人，不差钱，但弄丢了这么贵重的一件东西，也是心急如焚。他不停地给手机拨打电话，发短信，可已经关机。民警接到报警时，也有点吃惊。他们说，从没见过这么贵的手机。大家查看了机场的监控视频，可一点线索都没有。这要是被机场的旅客捡走，上了飞机，想要再找到它，那就更是大海捞针了。

一个多小时后，林老板匆匆做了笔录，赶下午4点多的飞机去了北京。

林老板说，这款手机是今年8月份买的，才用了3个多月。“手机功能不算多好，主要贵在装饰上。”林老板说。这款手机的定位功能是比较强的，只要开着机，就能找到拿手机的人的具体位置，但他那个手机没有再开机。

机场里的吴警官和陈警官负责查这个事。他们一遍遍看视频回放，直到昨天凌晨两点多，终于在监控里发现一个中年女子，在林老板坐过的位置附近，突然下蹲捡起了一样东西。

最后找到那位女子，她一口承认自己捡到了一款手机。女子说，因为租的房子离机场比较近，当时正跟丈夫、孩子去机场询问回老家的机票，恰好捡到手机。

民警告诉中年女子，这款手机价值68万元。她顿时张大了嘴，一时说不出话来。

昨天下午，在北京的林老板得知手机找回来了，一高兴，要拿出1万元酬谢两位民警，民警谢绝了。

活动实施

☐ 搜一搜　体会软文的作用。

步骤1：利用网络选择合适的搜索引擎（如百度），搜索体现软文作用的软文案例，完成表1.2.1内容的填写。

表1.2.1 体现软文作用的软文案例列表

项目		软文标题	内容摘要
直接作用	降低企业广告成本		
	提高用户关注度		
	打造和提高产品品牌知名度		
	传播作者价值观		
间接作用	增加有效外链		
	提高网站流量		
	提高关键词排名		

步骤2：成立学习小组，3~5人一组，对大家搜索的内容进行讨论，相互评价各自表中所填写的软文是否与作用一致。

步骤3：各小组组织组内成员分享整理案例表，形成一份案例表上交给老师。

步骤4：各小组共同分享整理的案例表，在老师的指导下，进一步加深对软文作用的体会。

回 归类欣赏 各类软文案例欣赏。

步骤1：打开IE浏览器，输入百度引擎地址，打开百度搜索页面。

步骤2：在搜索引擎文本框中分别输入：新闻类软文、故事类软文和品牌类软文等，进行搜索。

步骤3：挑选你自己认为写得比较好的软文案例进行阅读，理解软文相关行动目标和思想，收集相关信息填入表1.2.2中或自行建立文档保存。

表1.2.2 软文案例列表

序号	软文标题	软文的行动目标	类别
1			
2			
3			

步骤4：完成后，在老师的指导下分组进行相互交流分享。

步骤5：老师对收集的软文进行赏析，教学生如何分辨软文的类型。

活动评价

陈思豪及其小组成员通过活动，进一步了解了软文的作用及分类，利用互联网的学习和其他同学分享交流，加深了对软文作用及分类的熟悉程度，不断巩固了对软文概念的理解。在学习过程中，小组成员学会了独立学习，也学会了知识共享，培养了分享交流的意识。

合作实训

实训名称：软文黑板报策划。

实训背景：陈思豪他们通过对软文的作用和分类的学习及在网络上对软文相关知识的了解，加深了对软文写作的兴趣，并且了解到软文写作未来在电子商务领域将大有发展空间。为在班级里营造良好的学习软文写作的氛围，他们主动向老师提出在班级里策划一次以经典软文案例分类为主题的黑板报。

实训目的：经典软文案例分类排版，渲染软文主题文化，营造良好的软文写作学习氛围，让学生随时感受经典软文的魅力。

实训过程：

步骤1：以陈思豪为小组长的活动小组将黑板报策划意向告知老师，得到老师的同意和支持。

步骤2：陈思豪组织策划小组开会讨论，明确软文黑板报的主题，确定选取哪几类的经典软文案例内容，并做好黑板报制作计划。

步骤3：按照黑板报制作计划，明确分工安排，见表1.2.3。

表1.2.3 活动任务分工表

序号	工作任务	负责人	时间/天
1	活动总策划，组织班里擅长出黑板报的同学出好黑板报	陈思豪	1
2	新闻类、故事类、科普类经典软文案例各收集1例，并进行文字加工	胡柏群	2
3	产品类、服务类、品牌类经典软文案例各收集1例，并进行文字加工	王星亮	2

步骤4：在活动任务明确后，各负责人按计划分别开展工作。

步骤5：黑板报出好后，告知老师和同学们可以随时阅读黑板报。

步骤6：收集同学们阅读黑板报的意见，开会总结经验，由小组长负责撰写总结材料。

实训小结：通过本次以经典软文案例分类为主题的黑板报制作活动，小组成员了解了不同类别的经典软文的影响力，欣赏了不同类别经典的软文，进而激发了对软文学习的兴趣。班级同学随时从黑板报中感受到经典软文的存在，提高了同学们鉴别软文类别的能力。黑板报绘画中，学生注意了颜料的使用和班级环境卫生的保护。

任务3 认识软文的载体及其特点

情境设计

经过上次的任务学习，陈思豪他们对于软文的作用及分类方面的知识有了初步的了解，同时对深入学习软文的知识产生了兴趣。但是，他们还需要了解更多有关软文的知识，继续深入学习软文的其他知识，增加知识储备。因此，陈思豪他们下一步继续学习以下关于软文的内容。

任务分解

为了继续学习更多的软文知识，夯实基础知识，陈思豪他们需要在专业老师的指导下继续学习，由浅入深地学习软文的知识。通过信息化手段等方式进行学习，认识软文的载体及其特点，同时培养自身严谨的学习态度，增加学习兴趣。

任务实施

活动 认识软文的载体及其特点

活动背景

陈思豪及其小组成员通过上次任务的学习，对软文的作用及分类有了初步了解，现在需要由浅入深地继续学习软文其他方面的知识。因此，专业老师带领他们学习软文的载体及其特点，然后通过网络学习和小组活动巩固相关知识点。

知识窗

俗话说"巧妇难为无米之炊"，无米就难以做饭，同样道理无载体软文就难以传播，软文在传播过程中，软文载体（即推广工具）就显得无比重要。当前，软文的载体大体包括平面媒体、硬广告、博客、微博、微信、论坛、门户网站、邮件、QQ等。无论是哪一种载体，只要能引起读者、网民大量评论和转载，软文载体的选择就成功了，而文章就成为具有传播力的软文。

1.平面媒体

平面媒体主要是指国家新闻出版署批准的具有发行刊号的报纸和杂志等。平面媒体软文则是指以平面媒体为载体的软文（见图1.3.1）。这些载体上的软文，需要通过媒体的审核，且不同的媒体审核标准不一样，收费标准也大相径庭。另外，部分知名的媒体，如《人民日报》（含海外版）、《光明日报》《中国青年报》等中央级平面媒体，因为其审核的严格性，软文的刊登机会较小，刊登费用会直逼硬广告价格。

此类载体的特点：真实权威，图文并茂，保存时间长，传阅率、翻阅率高，受众广泛。随着互联网的发展，此类载体的电子版传播更快、更高效。

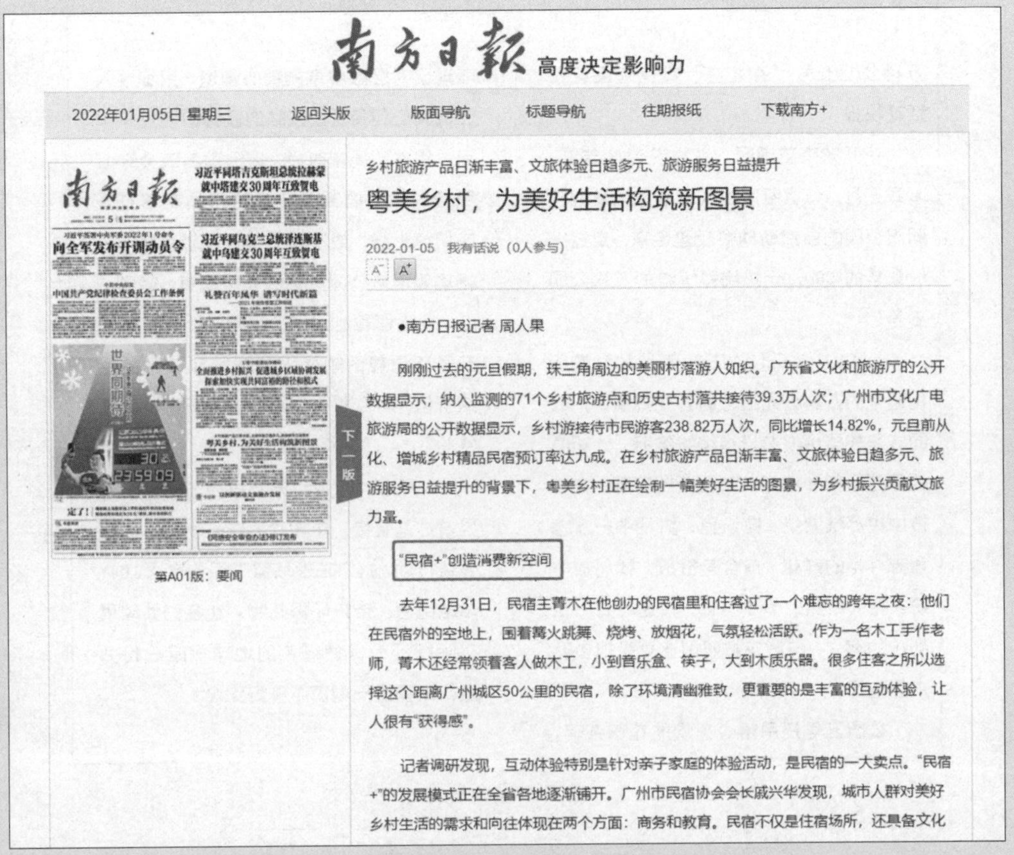
南方日报 高度决定影响力

2022年01月05日 星期三　返回头版　版面导航　标题导航　往期报纸　下载南方+

第A01版：要闻

乡村旅游产品日渐丰富、文旅体验日趋多元、旅游服务日益提升

粤美乡村，为美好生活构筑新图景

2022-01-05　我有话说（0人参与）

●南方日报记者 周人果

刚刚过去的元旦假期，珠三角周边的美丽村落游人如织。广东省文化和旅游厅的公开数据显示，纳入监测的71个乡村旅游点和历史古村落共接待39.3万人次；广州市文化广电旅游局的公开数据显示，乡村游接待市民游客238.82万人次，同比增长14.82%，元旦前从化、增城乡村精品民宿预订率达九成。在乡村旅游产品日渐丰富、文旅体验日趋多元、旅游服务日益提升的背景下，粤美乡村正在绘制一幅美好生活的图景，为乡村振兴贡献文旅力量。

"民宿+"创造消费新空间

去年12月31日，民宿主菁木在他创办的民宿里和住客过了一个难忘的跨年之夜：他们在民宿外的空地上，围着篝火跳舞、烧烤、放烟花，气氛轻松活跃。作为一名木工手作老师，菁木还经常领着客人做木工，小到音乐盒、筷子，大到木质乐器。很多住客之所以选择这个距离广州城区50公里的民宿，除了环境清幽雅致，更重要的是丰富的互动体验，让人很有"获得感"。

记者调研发现，互动体验特别是针对亲子家庭的体验活动，是民宿的一大卖点。"民宿+"的发展模式正在全省各地逐渐铺开。广州市民宿协会会长戚兴华发现，城市人群对美好乡村生活的需求和向往体现在两个方面：商务和教育。民宿不仅是住宿场所，还具备文化

图1.3.1　平面媒体中的软文

在此类载体上发布软文，软文的撰写要下足功夫，提前研究所投放媒体的选题偏好、媒体风格、读者群及费用预算。此外，要注意出版周期和发行日期，这些会直接影响软文营销发布效果及读者的关注。

2.非正式出版的以印刷、打印形式为主印制品的载体

这类载体主要是指政府、企业自己印刷的宣传册、杂志、企业内刊等（见图1.3.2）。它没有严格的审核标准，一般是在政府、企业内部进行流通学习。

此类载体的特点：形式灵活，发布时间灵活，审核标准宽松。

这类载体的软文要特别注意校对，因为没有严格的审核标准，自己很难找到文章存在的毛病。在软文营销实施过程中，这些载体上的软文一定要与硬广告分开，否则本已心存芥蒂的读者会对这些载体上的软文不屑一顾。

3.硬广告

硬广告是指直接介绍商品、服务内容的传统形式的广告，通过刊登报刊、设置广告牌、在电台和电视台播出、利用网络传播等方式进行商品宣传的纯广告。硬广告中的软文是指在这些硬广告中承载的软广告文字（见图1.3.3），因此这些文字除了要符合广告设计的原则外，还要承担软文营销的目标功能。

此类载体的特点：传播速度快，影响力强；涉及对象最为广泛；经常反复可以增加公众的印象；有声有色，具有动态性。

万科公园五号“春之赏”赏花卉品花茶活动快报

花开花荣花满园，花香花溢斗芳菲。阳春三月，春意葱荣的气息意气风发地从朝阳公园的自然萌动中轻盈走来，走过缤纷繁华的 CBD，走进绚彩缤纷的万科公园五号。

3 月 21、22 日，由千红万紫的鲜花簇拥起来的万科公园五号新春花卉展，把公园五号售楼中心装扮得缤纷绚丽，让新春的芬芳馥郁和绚烂多姿在公园南畔、在城市中央尽情萦绕。花坛里、树丛中一盏盏争芳斗艳的鲜花，或含苞欲放，或怒放争妍，把大自然的节令韵息，传递给每一位到访的客户，与鲜花拍照留念更是很多客户的选择。

公园五号还用精心烹炊的花草茶茗，表现出对融融春意的精心营造，用细致入微的精心招待，让莅临的嘉宾们度过一个闲适悠然的周末时光。捧一盏名流会专业服务人敬上的芳香浓郁的精品花草茶，或倚窗小憩，或在精装样板间轻步徘徊，畅想着未来公园生活的无限惬意，轻呷一口，唇齿留香。细细品咂间，让万科公园五号所承载的现代人居精神和尊崇的生活价值，将令每一位追求生活质感的人士感动。

3 月 28 日周六，万科公园五号受邀世界自然基金会，参与“地球一小时”环保公益行动。邀您来现场留下绿色寄语、DIY 珍藏纪念，带走环保礼物。让我们共同用实际行动为保护绿色的地球贡献一份力量，期望这一刻留下美好纪念！

图1.3.2　非正式出版载体中的软文

图1.3.3　某银行掌上银行硬广告中的软文

广告中的软文比简单直白的广告词更具有煽动性和诱惑力，其创意的新颖化、内容的生动化、形象的文学化，远非简单直白的广告词可以比拟。这正是广告软文在商业营销中的核心价值所在。

4.博客

博客是一种通常由个人管理、不定期张贴新的文章的社交工具，比较著名的有新浪、网易和搜狐等博客。由于博客是博主说了算，因此，只要符合相应的圈子文化就可以了。博客如果结合了文字、图像、其他博客或网站的链接或其他与主题相关的媒体，就能够让读者以互动的方式留下意见，这是许多博客的特点。

此类载体的特点：博客是一个信息发布和传递的工具，互动性强。博客文章的内容题材和发布方式灵活；博客传播具有很大的自主性；博客文章相对论坛显得更正式，可信度更高。

在博客中加入软文，目的在于增加博客的点击量，进而增加产品的曝光度。博客中的软文可以多角度、多形式地撰写，不用担心文章被删、不能加链接、图片加不上去等限制。虽然博客中的软文篇幅不受限制，但是要找准定位，选好主题，一定要将想表达的观点阐述透彻，切勿长篇大论，东拉西扯，偏离主题。

5.微博

微博是一个基于用户关系的信息分享、传播以及获取的平台。用户可以通过WEB、WAP等各种客户端组建个人社区，以140字（包括标点符号）以内的文字更新信息，并实现即时分享。微博也是博主说了算，但是想用有限的文字达到某种目标，难度还是远远高于博客。

此类载体的特点：微博的草根性、时效性、便捷性更强，分布更广泛；跟随博主，创新了交互方式；即时通信功能强大。

微博的软文要么犀利、要么有趣、要么经典，不然就需要有点明星效应。否则，没有人去阅读，没有人去转载，发在微博中的软文只能是自娱自乐。

6.微信

目前，微信在国内是最流行的社交工具之一，而且作用甚广。微信营销已经成为热门的网络推广渠道之一，也是社会化媒体营销中的主要推广方式。微信营销的核心是微信公众账号的内容及分享。只有拥有优质的内容，企业微信公众账号才能够通过朋友圈被更多地转发。

微信与微博最大的不同在于，微信中的好友大多是你认识的，或者是你朋友的朋友。因此，微信中的软文比微博中的软文更有可信度。微信中的软文可以比微博中的更“软”一些。当然，分享性、趣味性和犀利性同样是微信软文的亮点。

此类载体的特点：信息发布便捷、传播速度快、影响面广、互动性强、成本低廉。随着智能手机的普及和手机用户数量的爆发式增长，未来微信用户将成为更庞大的群体。

目前，最常用的微信软文推广方式是将公众账号当作案例来写，只要在这样的文章中适当地添加需要表达的东西，将会收到不错的效果。比如，抓住中国传统佳节（春节），国内某烤鸭品牌撰写微信软文，不失时机地宣传推广年夜饭的预订。而某点心品牌同样适时地利用微信软文宣传、推广年货（见图1.3.4）。

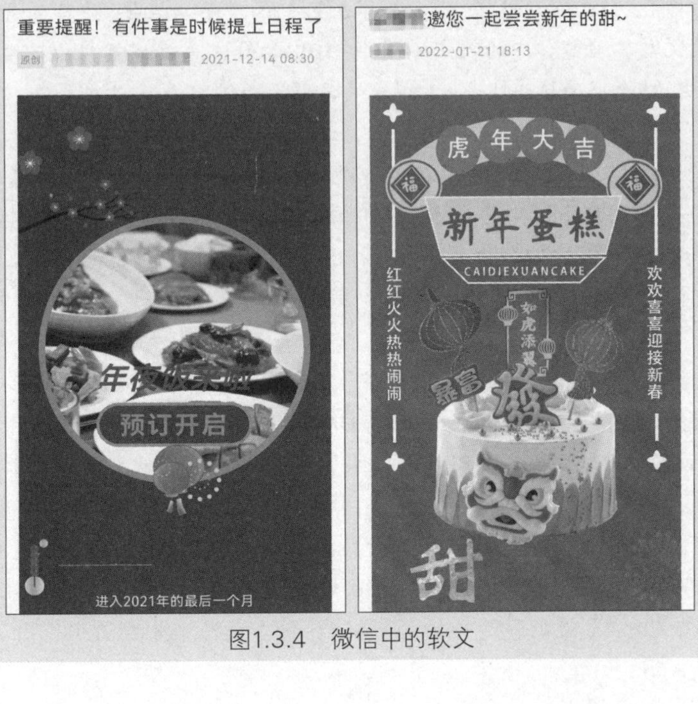

图1.3.4　微信中的软文

7.论坛

论坛提供了一块公共电子白板，每个用户都可以在上面书写，可发布信息或提出看法。它是一种交互性强、内容丰富而及时的互联网电子信息服务系统，用户在BBS站点上可以获得各种信息服务，发布信息，进行讨论和聊天等。论坛也是版主说了算。因此，论坛中的软文不能太像广告，不要太书面化，尽量多使用网络语言（见图1.3.5）。否则，论坛中的软文会随时面临被删除的危险。目前国内比较出名的论坛有新浪论坛、网易论坛和搜狐社区等。

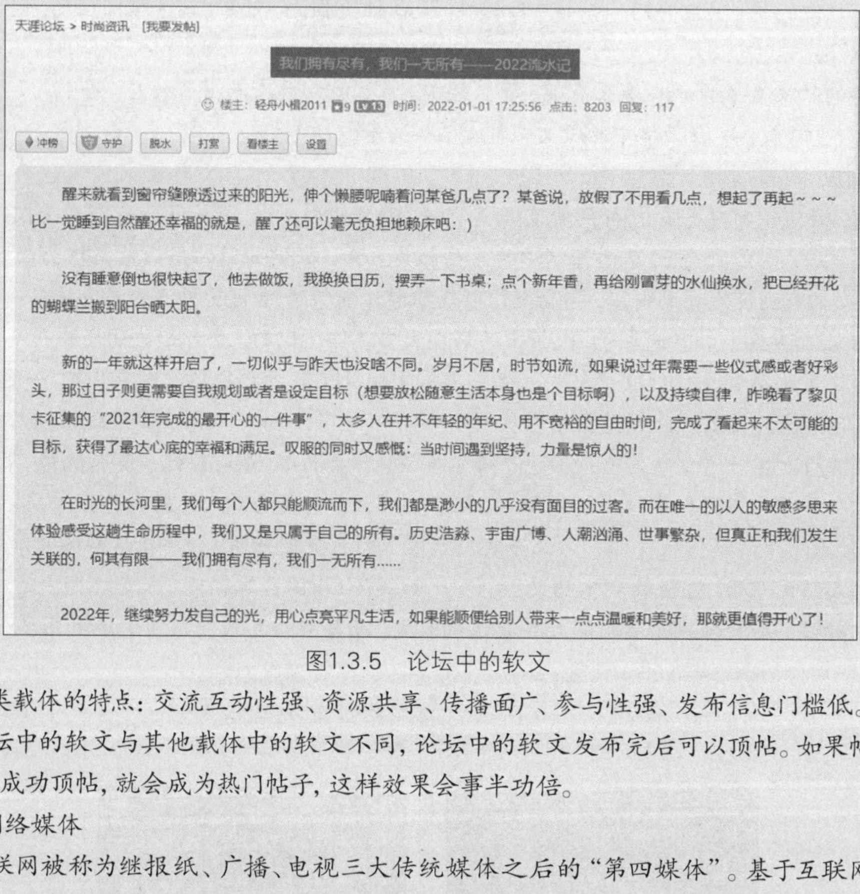
天涯论坛 > 时尚资讯 [我要发帖]

我们拥有尽有，我们一无所有——2022流水记

楼主：轻舟小楫2011 9 LV.13 时间：2022-01-01 17:25:56 点击：8203 回复：117

冲榜 守护 脱水 打赏 看楼主 设置

醒来就看到窗帘缝隙透过来的阳光，伸个懒腰呢喃着问某爸几点了？某爸说，放假了不用看几点，想起了再起～～～比一觉睡到自然醒还幸福的就是，醒了还可以毫无负担地赖床吧：）

没有睡意倒也很快起了，他去做饭，我换换日历，摆弄一下书桌；点个新年香，再给刚冒芽的水仙换水，把已经开花的蝴蝶兰搬到阳台晒太阳。

新的一年就这样开启了，一切似乎与昨天也没啥不同。岁月不居，时节如流，如果说过年需要一些仪式感或者好彩头，那过日子则更需要自我规划或者是设定目标（想要放松随意生活本身也是个目标啊），以及持续自律，昨晚看了黎贝卡征集的“2021年完成的最开心的一件事”，太多人在并不年轻的年纪、用不宽裕的自由时间，完成了看起来不太可能的目标，获得了最达心底的幸福和满足。叹服的同时又感慨：当时间遇到坚持，力量是惊人的！

在时光的长河里，我们每个人都只能顺流而下，我们都是渺小的几乎没有面目的过客。而在唯一的以人的敏感多思来体验感受这趟生命历程中，我们又是只属于自己的所有。历史浩淼、宇宙广博、人潮汹涌、世事繁杂，但真正和我们发生关联的，何其有限——我们拥有尽有，我们一无所有......

2022年，继续努力发自己的光，用心点亮平凡生活，如果能顺便给别人带来一点点温暖和美好，那就更值得开心了！

图1.3.5　论坛中的软文

此类载体的特点：交流互动性强、资源共享、传播面广、参与性强、发布信息门槛低。

论坛中的软文与其他载体中的软文不同，论坛中的软文发布完后可以顶帖。如果帖子创意好，加上成功顶帖，就会成为热门帖子，这样效果会事半功倍。

8.网络媒体

互联网被称为继报纸、广播、电视三大传统媒体之后的“第四媒体”。基于互联网的网络媒体集三大传统媒体的诸多优势于一体，是跨媒体的数字化媒体。网络媒体主要分为全国门户、地方门户和行业门户等，它们对软文的审核标准差别很大。如新浪、网易、人民网等媒体网站（见图1.3.6），它们的很多频道发布的软文都是不能带链接的。因此，文章标题要提炼优化推广的关键词。

此类载体的特点：即时性、海量性、全球性、互动性、多媒体性。目前，网络媒体的新闻传播也存在一些缺陷，如抄袭复制现象严重、公信力不高、容易侵犯知识产权、受带宽瓶颈制约、信息垃圾泛滥，所以还有很大的品质提升空间。因此，网络媒体中的软文写作要求更加严格。

9.电子邮件

目前电子邮件营销虽说风光不再，但对于某些商家和企业来说，它依然是种不错的营销手段，因此电子邮件中的软文也就显得尤为重要了。电子邮件中的软文不需要太华丽的页面设计，只要将标题、正文作为重点，使之精简再精简，详细资料当成附件发送就可以了，否则会被别人当成广告直接删除或拒绝打开。

此类载体的特点：方便快捷、包容性强、成本低廉、有广泛的交流对象。

图1.3.6　网络媒体（部分）

10.站长平台

随着网络多元化和网络营销的迅速发展，站长软文越来越受到人们的关注。此类软文主要是为了迅速增加网站流量，其次是为了客户转化率（这类软文更看重外链）。由于站长工作量很大，在撰写前，要做好软文营销的策划、撰写环节。

此类载体的特点：资讯量大、更新快、专业性比较强。

11. 淘宝店平台

淘宝店软文是电子商务网站中的产品描述性软文，最直接的目的就是销售（见图1.3.7）。优秀的淘宝软文对淘宝店铺的网络营销起到至关重要的作用。软文要短小精悍、言简意赅，让读者很快就能了解整个内容。因此，在撰写时需回答清楚3个问题：

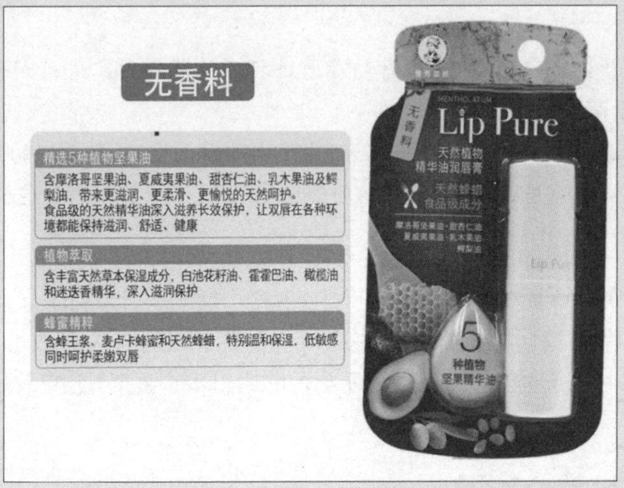

图1.3.7　淘宝店中的软文

(1)产品的优势是什么?

(2)为什么买?

(3)为什么现在买?

如果要扩展一下的话,就需要解决信任度的问题,如买了不好怎么办,产品背后有哪些东西能让人更信服。这些文章能独立成章,也可以独立成篇,要与图片配合在一起展现在淘宝页面中,销售力才能实实在在看得见。

此类载体的特点:客户量大、关注度高、传播速度快、成本较低廉。

活动实施

☐ **搜一搜** 熟悉几种常见、有影响力的软文载体。

步骤1:利用网络选择合适的搜索引擎(如百度),搜索以下几种常见的有影响力的软文载体,阅读其中的文章,摘取其中一篇你感兴趣的文章(最好是软文)的标题填入表1.3.1,并完成表中其他内容的填写。

表1.3.1 几种有影响力的软文载体列表

序号	载体类别	文章标题	文章的用途	载体名称
1	平面媒体(电子版)			
2	硬广告			
3	博 客			
4	微 博			
5	微 信			
6	论 坛			
7	网络媒体			

步骤2:成立学习小组,3~5人一组,对大家通过搜索收集的内容进行讨论,相互评价各自表中所填写的文章是否属于商务软文。

步骤3:各小组组织组内成员分享并整理表,整理组合成一份代表本组的列表,交给老师。

步骤4:各小组共同传阅整理的列表,在老师的指导下,进一步加深体会这些载体的特点。

活动评价

陈思豪及其小组成员通过活动,加深了对几种常见的有影响力的软文载体的了解,深刻体会了它们的影响力及其特点。在学习过程中,小组成员学会了如何快速有效地搜索一些知名载体,学会了如何收集整理一些优秀软文,以备将来学习时用,同时培养了分享交流的意识。

合作实训

实训名称:做博主,转载一篇软文。

实训背景:陈思豪及其小组成员学习完软文载体后,深深感受到这些载体传播软文的影响力。他们为以后在实习企业里能达到在不同载体上发布企业产品软文的要求，现在他们尝试转载一些优秀软文，为以后学习转载、发布软文打下基础。

实训目的：学会在新浪上注册博客账号，并在博客上转载一篇商务软文，体会此种载体传播软文的特点。

实训过程：

步骤1：以陈思豪为小组长的活动小组将注册博客做博主的意向告知老师，得到老师的同意和支持。

步骤2：陈思豪负责在新浪上注册博客账号（见图1.3.8），其他组员负责将注册博客转载软文的信息告知同班同学，并教会其他同学如何注册账号。

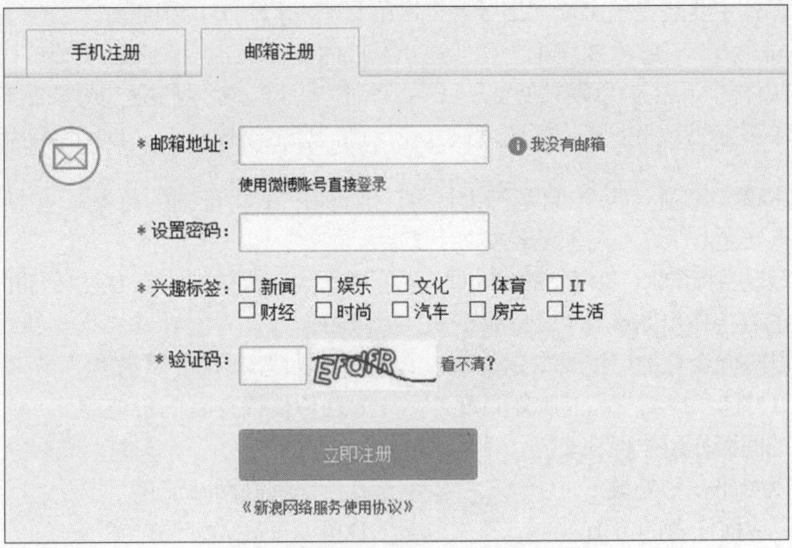

图1.3.8　新浪博客注册界面

步骤3：注册博客账号。

步骤4：博客账号注册成功后，把账号推荐给同学或朋友。

步骤5：搜索其他博主的软文，将软文转载到博客中。

步骤6：及时关注博客的评论，并作相应的回复。

实训小结：通过本次实训活动，小组成员学会了如何注册博客账号，掌握了在博客中转载文章的方法，同时深入了解了博客传播速度快、互动性强、发布内容灵活快捷、自主传播信息的特点。

项目总结

走进软文世界，是商务软文写作的入门，是最基础的知识。通过本项目的学习，学生以小组合作的形式推进学习，能了解软文概念、作用、分类，了解传播软文的载体及其特点。通过项目实践，培养了学生学习软文的兴趣，为学生深入学习软文的其他知识奠定了基础。从长远看，为学生今后进入企业工作或个人从事软文写作打开了大门。

项目检测

1.单项选择题（每题只有一个正确答案，请将正确的答案填在括号中）

（1）软文的作用分为直接作用和（　　）。

A.传播作用　B.间接作用　C.阅读作用　D.分享作用

（2）根据体裁，软文可分文章体裁和（　　）体裁。

A.说明文　B.散文　C.文学　D.故事

（3）根据软文的内容特点，软文可以分为新闻类、（　　）、科普类等。

A.故事类　B.鉴赏类　C.文学类　D.小说类

（4）平面媒体主要是指国家新闻出版署批准的具有发行刊号的报纸和（　　）等。

A.新闻　B.娱乐　C.体育　D.期刊

（5）微信载体的特点：信息发布便捷、（　　）、影响面广、互动性强、成本低廉等。

A.使用不方便　B.传播速度快　C.信息更新慢　D.网络使用流量大

2.多项选择题（每题有两个或两个以上的正确答案，请将正确的答案填在括号中）

（1）商务软文是（　　）文字或文字组合。

A.有行动目标的　B.欣赏性高的　C.重大新闻的　D.要传播的

（2）软文的直接作用体现在（　　）。

A.可以降低企业的广告成本　B.可以提高用户的关注度

C.可以打造和提高产品品牌知名度　D.可以传播作者的价值观

（3）软文的间接作用体现在（　　）。

A.可以增加有效外链　B.可以提高网站流量

C.可以传播作者的价值观　D.可以提高关键词排名

（4）根据软文营销作用，软文可以分为（　　）。

A.推广类　B.公众类　C.品牌力类　D.网络类

（5）平面媒体载体的特点包括（　　）。

A.真实权威　B.图文并茂

C.受众广泛　D.电子版传播更快、更高效

3.判断题（正确的画“√”，错误的画“×”）

（1）商务软文也可称作“潜藏式广告”“文字广告”。（　　）

（2）由于写一篇软文费时费力，因此广告成本很高，不建议利用软文来进行商务营销。（　　）

（3）由于记叙文、说明文、小说、诗歌等文体可以植入某种行动目标，因此都可以成为软文。（　　）

（4）软文的载体大体包括平面媒体、硬广告、博客、微博、微信、论坛、门户网站、邮件、QQ等。（　　）

（5）随着计算机网络的普及和信息接收渠道多元化，人们越来越少关注平面媒体，因此，选择平面媒体作为载体发布商务软文是不明智的。（　　）

4.简述题

(1)简述“商务软文”的概念。

(2)列举4个软文载体及其特点。

5.案例分析题

农夫山泉有点甜

饮水思源，水源水质的好坏对人体的健康影响是直接的。很多人都知道农夫山泉有点甜，但为什么会有点甜?水源在哪里?水质如何?带着这些问题，农夫山泉寻源千岛湖的四川寻源团来到千岛湖，他们要用自己的感官来见证农夫山泉的水源地。千岛湖的美看得见。在千岛湖，放眼望去，湖水浩渺，青山苍翠，置身其间，仿佛进入天然氧吧，令人神清气爽。

日本是世界上森林覆盖率较高的国度，其中全国的森林覆盖率66%，北海道森林覆盖率为70%。而千岛湖的森林覆盖率为94.7%。千岛湖的清看得见，千岛湖的水质清澈，环境优美。来自遂宁的马先生对记者说：“他曾经去过很多地方，千岛湖的水是他见过的最清澈的水，跟他小时候见过的那种水一样的清。”

在进行水的能见度测试时，工作人员将黑白盘放入水面，一点一点往下放，直到盘基本看不到了。一位眼力好的寻源者读了一下标尺在水面的刻度，5.2米!也就是说，这里的水的能见度是5.2米，而西湖和太湖的水能见度仅0.5米左右。

农夫山泉的甜“看”得见，农夫山泉的原水取自青山环抱、碧波荡漾的千岛湖，来自千岛湖30米深层天然水，常年水温12 ℃左右。呈天然弱碱性，含有钾、钙、钠、镁、偏硅酸等人体所需的矿物质和微量元素，天然纯净、味道甘冽，是有益健康、适合人体长期饮用的水。

在农夫山泉宋家湾取水口，工作人员将取水器放到水下，取出千岛湖水下25米处12 ℃的深层水。来自成都的王女士品尝了千岛湖的深层水后连声感叹：“冰冰的，很凉、很淳，有一种甘甜的味道!”来自广元的秦先生也连声说道：“农夫山泉，不仅仅是有点甜，甜在哪里，我们大家都看得见!”就这样，寻源者用自己的眼睛、用自己的双手和心灵，见证了千岛湖的水之美、水之清和水之甜，见证了农夫山泉水源的环保、天然和健康。

农夫山泉在全国占据了多处山深林密的优质水源，除了千岛湖之外，还有东北长白山、湖北丹江口、广东万绿湖、四川峨眉山等。这些都是国内一流的优质天然饮用水源，支撑起了农夫山泉的天然健康品质。

(源自网易，内容有删减。)

阅读案例回答：

(1)本案例属于哪一类软文?它的载体是什么?此类载体的特点是什么?

(2)本案例如何体现了软文的概念?

项目2
探索软广告与硬广告之间的秘密

回 项目综述

买衣服上淘宝，吃饭上美团，短视频看抖音，蹲马桶翻微信，互联网已经慢慢改变了我们的生活和消费习惯。精明的商家们开始加大广告的投放力度，于是各种广告层出不穷。说到网络广告，我们印象最深的或许是各种各样的海报，这些广告方式很明显。然而，还有很多广告是不易被察觉的。

为了能够胜任商务软文写手的工作，提高软文写作的质量，已经进入E电园实习的陈思豪、胡柏群、王星亮等同学决定深入地探索软广告和硬广告的秘密。

回 项目目标

通过本项目的学习，应达到的具体目标如下:

知识目标

◇了解软广告和硬广告的概念

◇认识软广告与硬广告的有机融合

◇熟悉常见的软广告+硬广告的营销工具

能力目标

◇学会查找知识点并培养总结归纳的能力

◇熟悉主流的广告营销工具

素质目标

◇培养学生提出问题和解决问题的意识

◇培养学生团队合作意识

◇培养学生适应现代市场经济岗位需求的就业观和人生观

项目思维导图

- 探索软广告与硬广告之间的秘密
  - 了解软广告
    - 了解软广告的概念及特点
  - 了解硬广告
    - 了解硬广告的概念及特点
  - 探索软广告与硬广告的有机融合
    - 软文融入硬广告
  - 体验几个常见的软广告+硬广告的营销工具
    - 广告创意训练
    - 测试软文的情感指数
    - 常见的软广告+硬广告的营销工具

任务1 了解软广告

情境设计

通过一段时间的努力学习，陈思豪等人如愿以偿地获得了校企合作企业E电园的商务软文写作岗位的实习机会。进入企业后，他们发现自己所写的软文并未能很好地达到企业的要求。陈思豪他们通过请教公司同事，了解到软文实质上也是一种软广告，于是他们开始学习有关软广告的相关知识。

任务分解

为了更好地适应企业的要求，按时完成主管交给的任务，陈思豪他们请教了专业老师，利用网络开展软广告的学习。通过前面对软文的概念等知识的学习所积累下来的经验，他们这次显得更加自信。

任务实施

活动　了解软广告的概念及特点

活动背景

第一次听到“软广告”这个词，王星亮提出了疑问，软广告就是前面所写的软文吗？于是，陈思豪、胡柏群也各自表明了自己的看法，通过讨论，他们认为两者是不同的概念。那到底是不是如此呢？软广告和软文之间又有什么区别呢？围绕着这个问题，他们开始了软广告的学习。

回 知识窗

1.什么是软广告

软广告是指广告主并不直接介绍商品、服务，而是通过在报纸、杂志等传统媒体或者通过短视频、电影、微信公众号等新媒体进行宣传，插入带有主观指导倾向性的文章、画面、短片，或通过赞助社会活动、公益事业等方式来达到提升广告主企业品牌形象和知名度或促进广告主企业销售的一种广告形式（见图2.1.1）。顾名思义，软广告的核心就在于一个“软”字，正所谓润物细无声，即使你发现这是一个广告，也能欣然接受。软文其实就是软广告的一种表现形式，而软广告不仅仅包括软文，还包括视频植入广告等。

图2.1.1 《向往的生活》特仑苏广告植入

2.软广告有何特点

如今，不管是综艺节目，还是电影电视，我们总能看到很多品牌的广告，比如2020年热播的电影《囧妈》里面就有大白兔奶糖、美的电饭煲等非常自然的广告植入，这就是软广告的魅力，打了广告，观众却欣然接受。软广告一般具有以下特点：

①相对硬广告渗透力强，商业味道淡。软广告往往通过植入电影电视等形式，自然地呈现在人们的视野中。它不容易引起观众的反感，相反，它所具有的科普性、知识性、新闻性使读者愿意接受这些信息。

②软广告表现形式多样，持续时间相对较长。软广告可以通过植入电影电视、植入游戏，还可以通过新闻等文本形式出现，并且有效期比较长，效果极佳。

③软广告多采用渐进式的叙述，往往可以把产品和品牌的信息详尽地展示出来，它可以使人们增长知识，扩大视野，这是其他广告很难做到的。软广告是渐进式、润物细无声的，也就更容易被消费者接受。事实也证明，好的软广告可以发挥事半功倍、四两拨千斤的作用。

活动实施

□ **搜一搜**　搜索软广告的成功案例。

步骤1：结合所学的知识和日常生活，搜索软广告在生活中的实际应用案例。

步骤2：成立学习小组，3~5人一组，对自己所理解的软广告进行组内分析与讨论，并以小组形式整理典型案例并说明该案例成功的因素。

步骤3：各小组共同分享整理的成果，可以利用互联网进一步对软广告案例进行深入分析，补充完成表2.1.1。

表2.1.1　软广告案例分析

案　例	内　容	成功因素
案例一		
案例二		
案例三		

□ **找一找**　了解软广告的表现形式。

步骤1：老师指导同学进行分组，要求每组至少有3位同学，引导小组同学开展活动中要团结协作，尊重组员和组间劳动成果。

步骤2：打开浏览器，输入百度引擎地址，打开百度搜索页面。

步骤3：小组内确定要搜索的软广告形式，并做好分工。

步骤4：在搜索引擎文本框中输入软广告案例等类似关键词，进行搜索。

步骤5：挑选你自己认为比较有代表性的案例进行小组讨论，并把它摘取下来，将其标题收集填入表2.1.2中。

步骤6：各组填好表格交给指导老师，老师随机抽取小组来分享所查找的案例结果。

表2.1.2　软文案例列表

序号	软广告形式	案　例
1		
2		
3		

活动评价

通过本次小组活动，陈思豪及其小组成员了解了软广告的概念及其表现形式，认识到软广告与软文并不是同一概念。同时，通过互联网的学习，他们对软广告有了更深的认识，小组也在活动中认识到团队合作的重要意义。

合作实训

实训名称：绘制软广告思维导图。

实训背景：通过学习软广告相关知识，陈思豪他们对软广告有了更深入的认识。在老师组织活动过程中，他们意识到老师的板书经常使用画图的形式，看起来一目了然，通过请教老师，得知这是思维导图。于是，他和小组成员建议老师把这种方式教给大家，并就软广告做一个思维导图。

实训目的：加强同学们对软广告知识的记忆，同时，学会使用思维导图方式对知识点进行整理，作为今后学习和生活的有用工具。

实训过程：

步骤1：老师布置任务，让同学们通过网络拓宽视野，搜索思维导图基本知识和绘制方法。

步骤2：对“软广告概念及特点”的相关知识点整理归纳。

步骤3：通过网络搜索在线思维导图绘制软件。

步骤4：开始绘制“软广告概念及特点”知识点整理的思维导图，尽可能多地用图片、图标和色彩展现。

步骤5：老师巡视同学绘制过程，并根据需要指导小组绘制思维导图。

步骤6：每组派代表对自己所绘制的思维导图进行展示和讲解。

步骤7：老师给每组的实训作整体点评并在表2.1.3中打分，然后提出改进建议。

表2.1.3 实训评价表

组号	思维导图美观（20分）	思维导图知识结构（20分）	思维导图创意（30分）	团队合作（30分）	总 分（100分）
1					
2					
3					
4					
5					

实训小结：通过本次实训，小组成员初步学会了思维导图绘制的方法，并对软广告知识点有了更深入的认识和理解。在绘制过程中，同学们发现图片比文字更容易被记住。活动结束后，小组总结分析活动过程中存在的不足，为今后团队工作打下良好基础。

任务2
了解硬广告

情境设计

“五一”黄金假期很快就要到来，为作好全面准备，争夺“五一”消费市场，陈思豪等人所在的校企合作企业E电园开始策划活动。主管要求陈思豪、胡柏群、王星亮等在撰写软文的时候，适当加入一些有关“五一”活动的硬广告。为了高质量地完成此次任务，他们开始了硬广告的学习。

任务分解

为了高质量地完成主管布置的任务，陈思豪等同学利用互联网展开了硬广告的学习。经过前面的学习，他们已对软广告有了一定的认识，决定采用对比和案例分析的形式进行硬广告的学习。

任务实施

活动　了解硬广告的概念及特点

活动背景

通过前面对软广告的学习，陈思豪他们认识到软广告的关键在于“软”传播，让受众主动地接受广告内容。那么，硬广告是否可以理解为受众被动地接受呢？他们是相互对立的吗？围绕着这些问题，他们翻开了书本学习……

知识窗

1.硬广告的概念

说到硬广告大家其实并不陌生，你看过电视中的30秒的广告、报纸上刊登各种广告信息的版面、街边的招牌、网络上的弹出广告等，这些都是硬广告，它们总是给你一种强迫你接受的感觉。硬广告也称硬广，是指直接介绍商品、服务内容的传统形式的广告，通过刊登报刊、设置广告牌、电台和电视台播出等形式进行宣传（区别于软广告），如图2.2.1所示。

图2.2.1　街边硬广告

2.硬广告的特点

①硬广告涉及对象最为广泛，传播速度快，“杀伤力”强。经常反复可以增加公众印象，有声有色，具有动态性。

②硬广告投入成本高，持续时间较短。如电视、电影中30秒的广告，以及淘宝钻展广告等，由于广告位有限，通常价格都很高，而且在短时间内，能传递的内容也比较有限。

③硬广告商业味道浓厚，投入成本高，通常需要在较短时间内展现一语中的广告语，比如在电梯上看到的易车广告语：“价格全知道，买车不吃亏”，广告内容一目了然。

3.硬广告收费方式

在实际应用中，硬广告有多种收费方式，根据时间和广告位的不同，收费也千差万别，下面就网络广告罗列几种最常见的收费方式（见表2.2.1）。

表2.2.1 网络广告收费方式

序号	类 型	定 义	举 例	应 用
1	CPC（Cost Per Thousand Click-Through）	每千次点击成本	假设一则广告的单价是250元/CPC，那么5 000元可以购买20个千次点击，也就是2万次点击	百度
2	CPD（Cost Per Day）	按天收费	假如一则广告的单价是250元/CPD，那么5 000元可以购买20个CPD，也就是可以播放20天	新浪首页
3	CPM（Cost Per Mille）	每千次展现成本	假如某一个广告横幅的单价是1元/CPM，那么每1 000人看到该广告就收1元，以此类推，10 000人访问的主页就是10元	今日头条
4	CPA（Cost Per Action）	每次行动成本	例如形成一次点击、获得一个注册用户、产生一次下载行为、完成一笔交易等，这类模式直指游戏、电子商务广告主的核心需求——产生注册和订单	淘宝、eBay、招聘网

活动实施

□ 搜一搜　搜索硬广告的海报。

步骤1：打开百度网页，搜索品牌海报。

步骤2：成立学习小组，3~5人一组，对大家搜索的内容进行讨论，每组筛选出3张自己认为比较好的海报，说说该海报好在哪里。

步骤3：打开Word文档，对已经保存好的海报进行整理。

步骤4：小组讨论挑选出来海报所推广的信息（如品牌信息、活动信息等），收集填入表2.2.2中或自行建立文档保存。

表2.2.2 海报信息情况表

序号	海报名称	推广信息	海报亮点
1			
2			
3			

□ **找一找**　搜索硬广告收费案例。

步骤1：打开浏览器，输入百度引擎地址，打开百度搜索页面。

步骤2：在搜索引擎文本框中输入：广告收费案例，进行搜索。

步骤3：了解各个平台的收费标准，并挑选出有代表性的案例。

步骤4：整理案例。

步骤5：在老师的指导下，各组进行合作，完成表2.2.3的填写，然后上交给老师。

表2.2.3　广告收费标准

平台名称	类　型	收费标准

活动评价

通过此次活动，加深了陈思豪等同学对硬广告的理解，并了解了硬广告收费的标准，认识到其费用高的特点。在学习过程中，小组成员采用先自主学习后一起合作的方式，不仅培养了同学们的自学能力，而且提高了他们的团队合作能力。

合作实训

实训名称：手绘硬广告。

实训背景：通过本次任务的学习，陈思豪他们对硬广告有了比较深入的了解，硬广告虽然成本相对较高，但是具有很强的"杀伤力"。收集硬广告的海报时，同学们都被各种各样的海报吸引住了，于是向老师提出制作海报的想法，老师认为是提高同学们审美能力的好机会，给予了大力支持。

实训目的：增强同学们对海报作用的了解，初步学习掌握硬广告海报的排版等知识，自己动手制作海报，体会劳动的意义，提高实际动手能力，培养小组合作精神。

实训过程：

步骤1：以小组为单位准备好白纸、笔、计算机等，并要求每组的海报只宣传一个品牌或者一家企业。

步骤2：制订好实施计划，并做好小组内部成员的分工安排。

步骤3：通过浏览互联网来搜集素材，每组成员讨论并确定自己海报的主题，简单撰写广告的创意来源。

步骤4：根据步骤3所得的创意主线，开始绘制硬广告海报。

①编写广告标题，要求标题具有吸引力。

②编写广告内容，小组成员共同讨论广告所要宣传的主题。

③做好海报排版布局，图文的安排要恰当合理，并确定颜色搭配。

步骤5：教师巡视每组的作品，选择制作得比较好的小组，请组长上台讲解广告创意和实施过程等，然后老师稍作点评。

步骤6：老师点评之后，同学们再对自己的海报进行修改，并交给老师。

步骤7：组织同学们对其他组的海报进行评价，完成表2.2.4的填写。

步骤8：收集评价表，统计并公布获奖作品，对做得好的小组颁奖鼓励。

表2.2.4　实训评价表

组号	海报主题（30分）	海报美观度（20分）	海报创意（20分）	团队合作（30分）	总　分（100分）
1					
2					
3					
4					
5					

实训小结：通过本次实训，加深了同学们对硬广告特别是海报的认识，提升了大家的审美能力和团队协作能力，明白了在有限的广告位上如何对主要内容的选取，充分利用所学的理论知识指导实训活动。

任务3 探索软广告与硬广告的有机融合

情境设计

通过前面的学习，陈思豪他们已经较好地掌握了软广告和硬广告的有关知识，但是在E电园工作的过程中，他们发现很多广告并不是单纯的硬广告或者软广告，而是两者的有机融合。这种融合往往可以发挥两者的优势，使广告效果更好。于是，他们决定好好学习这方面的知识。

任务分解

根据软文营销的实战经验，一般营销效果明显的软文，都是软文中巧妙地融入硬广告。那么应该怎么搭配才算是巧妙结合呢？陈思豪他们带着疑问，又开始了新知识的探索。

任务实施

活动　软文融入硬广告

活动背景

为了进一步提高自己的软文写作能力，以提高业绩，陈思豪等同学参考了网络上营销效果比较好的软文，开始反思自己的商务软文有何不足。通过研究，他们发现一篇好的软文往往不是单纯的软广告，而是通过多种方式巧妙结合的结果。

回 知识窗

在同一个版面下，特别是对平面媒体的应用，一个整版或者一个半版，广告商一旦付费买了版面，那么只要内容没有政治上的问题和广告法禁止的情形，怎么用都是可以的。这种情况下就必须利用好版面。

1.黄金分割配比法

黄金分割是一种数学上的比例关系，它具有严格的比例性、艺术性、和谐性，蕴藏着丰富的美学价值，应用时一般取0.618。工艺美术和日用品的长宽设计中，采用这一比值能够引起人们的美感。在实际生活中的应用也非常广泛，建筑物中某些线段的比就采用了黄金分割，舞台上的报幕员并不是站在舞台的正中央，而是站在台上一侧，以站在舞台长度的黄金分割点的位置最美观，声音传播得最好。就连人体也有采用黄金分割的地方，正常人上肢和下肢的比例也接近0.618。我国数学家华罗庚曾致力于推广优选法中的“0.618法”，把黄金分割应用于实际生活及科学研究中。

同样的道理，软文和硬广告在排版上的比例越接近0.618，就越具有杀伤力。具体地说，图片和文字的配比如果能够符合黄金分割法则，那么受众在阅读的时候就不容易产生审美疲劳。因此，可以将纯文字部分所占的版面与图片和广告艺术文字所占版面的比例进行大致估算，如果符合这个比例，那么这样的软文与硬广告的配比就是最佳的。如图2.3.1所示的房地产广告，硬广告和软文就配合得比较好。

图2.3.1　某房地产广告

2.精练的主题

在硬广告与软文有机融合的过程中，还要注意文字要精练，文字表述的内容与图片和广告体文字要一致，文字的排版字体不要太小，不要太花哨，以方便阅读为标准。一般来说，即使是单纯的形象广告，文字和图片可以不按黄金分割法，文字至少也应该把卖点提炼出来。

3.不同的传播途径相互配合

硬广告可以是平面的，也可以是网络的，还可以是户外的，软文是单独的传播途径。这种软文和硬广告之间的配合主要有两种操作手段。一种是软文配合硬广告的投放，将硬广告传播的要点进行提炼，以新闻性报道去进行二次传播，传播中甚至可以直接插入硬广告的图片，硬广告和软文之间在内容和投放时间上都要配合好。另一种是在硬广告的版面中展示系列软文的标题，标题就是相应的软文。如果是网络软文，可以在硬广告中插入二维码，用手机扫一扫就可以阅读软文。这种操作手法相当于对硬广告的版面做了延伸。

这两种手段也可以相互结合，总之，软文和硬广告不能割裂开来，形成合力才能达到最佳的效果。

活动实施

□ **说一说**　搜索软广告的成功案例。

静下心来好好思考，你与妈妈的差距到底在哪里？

一块月饼，有人只尝一小口就给另一个人吃，这是谁和谁？

一块月饼，有人吃得只剩一小口，才给另一个人吃，这是谁和谁？

谜底很简单：前者是妈妈和孩子，后者是孩子与妈妈。

妈妈尝那一小口月饼，只为知道月饼是不是变质走味，是不是太甜而不适合孩子食用。孩子给母亲一小口月饼时，通常是因为这一小口实在是吃不下去了。只有妈妈，才会愉快地接受这一小口，并喜上眉梢伸起大拇指夸赞孩子养得值了。

妈妈与孩子之间的爱，不仅是吃美涯月饼的时候会如此，很多场景下，也是如此。无论是留给自己的，或是孩子给予的，妈妈似乎得到的总是那“一小口”，而妈妈却会为此心满意足。

有谁知道这前后各一小口之间爱的差距有多大呢！

一份心意填补一个遗憾。

我们都有妈妈。当我们长大，当我们成熟时，妈妈的鬓发白了，脸上皱纹深了。

平时，熙熙攘攘的生活，复杂的人际以及繁忙的工作，容易使我们感到疲惫，容易使我们善忘……

中秋节就要到了，美涯月饼让那一小口的差距再近一些。

新蔡智慧生活商城——我们和妈妈盼你平安归来。

讨论：

①说一说该案例是什么广告。

②看了这则广告，说一说本篇软文始终围绕什么主题展开，读完后你有什么感受。

□ **搜一搜**　搜索经典的软硬广告结合的案例。

步骤1：打开浏览器，输入百度引擎地址，打开百度搜索页面。

步骤2：在搜索引擎文本框中输入：广告案例2022年（或类似的关键词），进行搜索。

步骤3：挑选出软硬广告相互结合的成功案例。

步骤4：新建Word文档，把所找到的广告案例保存起来。

步骤5：对所找的案例成功之处稍作分析，并交给老师。

活动评价

通过本次活动，陈思豪等同学进一步扩展了自己的视野，认识到软广告和硬广告有机结合的重要意义，这两者并不是相互矛盾的。同时，也掌握了一些技巧，为以后的学习打下了良好的基础。

合作实训

实训名称：用软硬广告相结合的方法撰写广告。

实训背景：通过前面的学习，陈思豪以及小组成员感受到软广告的“润物细无声”以及硬广告的“杀伤力”，但是软硬广告的有机结合却像魔术一样，把两者的优点融合在一起，发挥得淋漓尽致。最近为了迎接双十一活动，学校电商节开展乡村振兴活动，同学们希望借此机会运用广告这个“魔术”，推广本镇的产业。于是他们决定和同学们一起尝试做这个魔术。

实训目的：通过实际操作，加深同学们对所学理论知识的记忆。提高学生动手能力和运用所学知识解决实际问题的能力，在进行本乡镇产品推广过程中，培养家国情怀。

实训过程：

步骤1：老师指导同学们进行分组，2~4人一组。

步骤2：给出广告题目，假设E电园要推出“双十一”大促活动，商品包括休闲服装、手工艺品、灯饰、小电器等，全场5折包邮。请同学们以小组为单位为本次活动撰写广告。

步骤3：小组成员自行分工合作，并参考表2.3.1完成本组成员的分工准备。

表2.3.1　小组成员活动分工

序号	工作任务	负责人	工作成果
1	软硬广告整体统筹	陈思豪（组长）	最终广告页面
2	软广告写作	胡柏群	软广告
3	硬广告设计	王星亮	硬广告

步骤4：根据分工要求，小组成员开始利用网络和Photoshop等工具，制作“双十一”广告。

步骤5：老师巡视同学制作过程，并根据需要适当给予指导。

步骤6：广告完成后，老师抽取小组，抽中的小组派代表对自己所绘制的产品广告进行展示和讲解，最后指导老师作整体点评。

实训小结：本次实训综合软广告和硬广告的相关知识，提高学生对所学知识的综合运用能力。通过小组合作实际操作，一方面锻炼学生的合作能力和表达沟通能力，另一方面也提高了同学们对理论知识的实际运用能力。

任务4
体验几个常见的软广告+硬广告的营销工具

情境设计

通过努力学习和刻苦实践，陈思豪等同学在E电园的工作越来越顺利，工作能力也不断提高，得到了公司领导的认可。主管打算把他们留下来做长期员工，并对他们进行进一步的培训。

任务分解

“越学习，越发现自己的不足”，在企业培训过程中，陈思豪他们意识到自己在广告的认识上还有很多不足，对于培训老师所提到的一些营销工具，自己从来没有接触过。于是，他们翻开书本，开始了新知识的探索。

任务实施

活动1 广告创意训练

活动背景

在做广告的过程中，同学们意识到最难的往往是没有“好点子”，虽然借助网络能够得到一些帮助，但还是经常面临头脑空白的困境，于是他们开始寻找激发创意的方式。

知识窗

1.创意训练之“头脑风暴”

头脑风暴法又称智力激励法，是由美国创造学家A.F.奥斯本于1939年首次提出的一种创造能力集体训练的方法。

这种方法简单地说就是召集广告策划、撰写和设计人员在一起以会议的形式，集中围绕广告的行动目标，快速而热烈地讨论广告的创意，每个创意一两句话表述即可，参会人员能够从其他人的创意角度衍生出更多的创意。

每次会议建议时间是1小时左右，估计形成的创意应该不少于100种。但是根据国外头脑风暴评估资料的记载，最好的创意往往是在会议将要结束的时候提出的。因此，预计结束的时间到了，可以根据实际情况再延长5分钟，如果1~2分钟仍然没有新的创意出现，那么可以宣告结束。

下面简单介绍这种方法的流程。

（1）确定议题

一个好的头脑风暴法从对问题的准确阐述开始。因此，必须在会前确定一个目标，使与会者明确通过这次会议需要解决什么问题，同时不要限制可能的解决方案的范围。一般而言，比较具体的议题能使与会者较快产生设想，主持人也较容易掌握。比较抽象和宏观的议题引发设想的时间较长，但设想的创造性也可能较强。

（2）会前准备

为了使头脑风暴畅谈会的效率较高，效果较好，可在会前做一点准备工作。如收集一些资料预先给大家参考，以便与会者了解与议题有关的背景材料和外界动态。就参与者而言，在开会之前，对待解决的问题一定要有所了解。会场可作适当布置，座位排成圆环形的环境往往比教室式的环境更为有利。

（3）确定人选

一般以8～12人为宜，也可略有增减（5～15人）。与会者人数太少不利于交流信息，激发思维；人数太多则不容易掌控，并且每个人发言的机会相对减少，也会影响会场气氛。只有在特殊情况下，与会者的人数可不受上述限制。

（4）明确分工

要推举一名主持人，1～2名记录员（秘书）。主持人的作用是在头脑风暴畅谈会开始时重申讨论的议题和纪律，在会议进程中启发引导，掌握进程。记录员应将与会者的所有设想都及时编号，简要记录，最好写在黑板等醒目处，让与会者能够看清。记录员也应随时提出自己的设想，切忌持旁观态度。

（5）规定纪律

根据头脑风暴法的原则，可规定几条纪律，要求与会者遵守。如要集中注意力，积极投入，不要消极旁观；不要私下议论，以免影响他人的思考；发言要针对目标，开门见山，不要客套，也不必做过多的解释；与会人员之间相互尊重，平等相待，切忌相互褒贬等。

（6）掌握时间

会议时间由主持人掌握，不宜在会前定死。一般来说，以几十分钟为宜。时间太短与会者难以畅所欲言，太长则容易产生疲劳感，影响会议效果。经验表明，创造性较强的设想一般在会议开始10～15分钟后逐渐产生。美国创造学家帕内斯指出，会议时间最好安排在30～45分钟。假若需要更长的时间，就应把议题分解成几个小问题分别进行专题讨论。

根据国外头脑风暴效果评估的相关统计数据，用集体思考共同研讨的方法要比个人暗中思考摸索产生多达4%的有价值的创意。在自由开放的氛围中，激发创意的连锁反应，很容易使人跳出经验围墙，从而获得意想不到的效果。因此这种方法我们要重视并多加使用。

2.创意训练之“思维导图”

思维导图的创始人是东尼·博赞，这是一种有效的思维方式，就像一张地图，应用于记忆、学习、思考等方面，非常有利于人的大脑扩散思维的展开。如今思维导图已经在全球范围内得到广泛的应用，包括大量的世界500强企业。在国内，思维导图的应用也有将近20年的历史。思维导图应用于广告创意上，其优势是可以在一张图中产生无限多的创意，据广告的行动目标将思维发散开。发散联想出第一时间跳入脑海的创意，然后针对这个创意继续发散。每个创意的关键词都有机会成为中心词，围绕中心词发散联想，就可以有更多的创意出来。

如果说画一张图感觉还是不够，则可以针对广告的行动目标，设定一个相反的词汇，以此词汇制作思维导图，就会从另外一个角度再发现很多的创意，甚至在发散这个相反的词汇的时候，还能继续发现新的创意关键词，如果有必要就以此为中心再做一个思维导图。相信制作了两张甚至更多张思维导图之后，一定能找到满意的创意。

思维导图的制作可以借助软件工具，如图2.4.1所示是用XMind制作的思维导图。

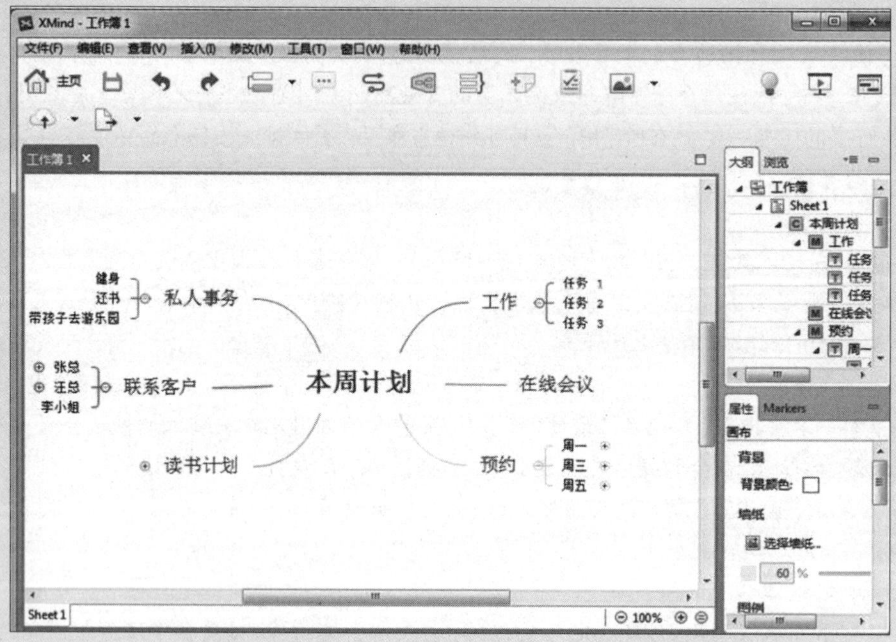

图2.4.1　思维导图制作

活动实施

☐ 画一画　用 XMind 绘制网店经营思维导图。

步骤1：将学生分组，建议2~4人一组。

步骤2：打开浏览器，输入百度引擎地址，打开百度搜索页面。

步骤3：在搜索引擎文本框中输入XMind，下载思维导图软件并完成安装。

步骤4：指导老师给出主题：绘制“抖音直播岗位及其职责”思维导图。

步骤5：小组成员自由分工与讨论，可借助网络查找相关资料，完成思维导图的绘制。

步骤6：完成后将所绘制的思维导图保存并写上小组成员名字，上交给老师。

活动评价

通过本次活动，陈思豪等同学学习了对于广告来说很重要的激发思维的方式，也真正体验了利用软件进行思维导图的绘制过程，进一步熟悉了思维导图的使用方法。

活动2　测试软文的情感指数

活动背景

所谓“当局者迷”，每次写软文的时候，陈思豪等同学都困惑于自己所写的软文是否符合消费者的阅读心理。“有没有一种工具，可以测试我们的软文是否更多地站在读者的角度呢？”陈思豪提出了疑问，于是他们围绕着这个问题展开了探索。

回 知识窗

1.如何测试软文的情感指数

情感指数就是指读者的关心程度，它所衡量的是文章的亲和力如何。软文的最高境界不是宣传和推广，而是沟通。沟通是双向的，对于读者来讲能够感受到的不是软文中传播的信息，而是他所能理解到的信息。因此软文要真正站在读者的角度，这样才有可能让读者了解到更多信息。因此，用情感指数去测试一下所写的软文，既有趣又很有意义。

（1）提到读者（消费者）名字的次数

（2）提到公司（个人）名称的次数（行动目标是产品或者服务名称的应用累计）

用（1）减去（2）的数字值就是情感指数。情感指数为正值就说明软文以读者为中心，否则就是以自我为中心，需要进行相应的修改。

2.如何增强软文的情感指数

如果软文的情感指数为负数，怎么办？如何增强软文的情感指数呢？

首先，多增加一些你、你们之类的第二人称代词，还可以用第三人称的专用名词，也可以直接使用消费者群体的名字，比如糖尿病患者、有减肥需求的朋友、爱美的女生们等。

其次，要多提目标群体的利益，设身处地地为目标群体着想。文章中如果涉及案例，尽可能地出现群体名称，之后再加上涉及的姓名，这样实际上就相当于重复了一次目标群，只要文字不显得啰嗦，也是增强软文情感指数的一个好方法。比如“糖尿病让众多中老年患者们饱受折磨，李先生就是一名多年的糖尿病患者”。

值得提出的是，文无定式，不是所有的软文都需要测试情感指数，情感指数高的软文效果好毋庸置疑，但不是所有效果好的软文都是情感指数高的。这个测试工具对于初写软文的朋友可能会有帮助。

活动实施

回 **算一算** 计算软文情感指数。

在产品高度同质化的今天，在各种假冒伪劣充斥的市场，如何挑选到货真价实的银纤维防辐射服呢？知孕防辐射服官方网站的周先生向我们介绍了几种非常实用的方法：

看面料。银线比例的高低是银纤维防辐射服性能优劣的关键，像知孕系列产品严格按照银线和纱线1∶1的最优比例制成，以最好的效果保证妈妈和宝宝的安全。

用放大镜放大后我们可以清晰地看到，知孕产品的银纤维密度远大于市场上流通的普通面料的银纤维密度。

看服务。因为现在防辐射服品牌太乱太杂，因此一定要看卖家服务如何，最好去品牌的官方网站上，可以跟客服在线聊天，看一下态度，就知道哪个品牌的防辐射服值得信任。一般大品牌孕妇防辐射服都会非常友好，耐心解答顾客提出的各种防辐射服选购问题。

看口碑。在网上购物付款前，多看一下其他网友的留言和评价，这不仅仅是经验。因为，大家说好才是真的好！

看了以上介绍，相信消费者在购买防辐射服时，对于防辐射服哪个牌子好，哪个品牌的防辐射服更适合您，已经有了更多了解了吧！

讨论：(1)以上这段文字提到卖家品牌或者产品的次数是多少，提到买家的次数是多少，那么这篇文章的情感指数是多少？

(2)说说你在读这段文字的时候的心理感受，消费者阅读起来是否会产生厌倦心理？

活动评价

通过本次活动，陈思豪等同学掌握了测试软文情感指数的方法，尝试了如何分析一篇优秀软文的情感指数，同时也明白了站在受众的角度来写作软文的重要性，为以后写作软文培养了善于变换身份的意识。

活动3 常见的软广告+硬广告的营销工具

活动背景

通过前面的学习，陈思豪等同学掌握了激发广告创意的方法，接下来就需要用到具体的营销工具把广告创意呈现出来。于是在老师的指导下，他们开始了新的探索。

回 知识窗

1.软广告+硬广告的营销工具——微信

随着智能设备不断普及使用，作为当下最热门的移动端社交信息平台，微信正演变为一大商业交易平台，其对营销行业带来的颠覆性变化开始显现，很多企业把微信当作移动微博，进行微信营销。

(1)微信朋友圈

“万能的朋友圈，请告诉我这两个手机壳哪个好看？”

像上面这种“万能朋友圈”我们已经司空见惯了。微信朋友圈虽说不可能真的做到无所不能，但是我们不得不承认它确实具有强大的传播功能。现如今，寻人启事、众筹捐款、产品推荐等在朋友圈无处不在，微信朋友圈的价值被更多人意识到了，也越来越多地运用到商业领域。

朋友圈不仅可以发文字信息和图片，还可以发小视频，形式多样。微信的好友都是基于朋友的强关系，所以朋友圈的广告也更容易被信任。积累自己的好友数量是微信朋友圈营销的非常重要的环节，好友的数量和精准程度非常关键，它和我们后期营销的效果关系很大。那么如何寻找优质的好友呢？

①将自己的QQ好友加为微信好友。

②将手机通讯录的人加为好友。

③通过自动打招呼等软件批量添加好友。

有了微信好友之后就可以进行朋友圈推广了，但是切记不要赤裸裸地发送硬广告，否则容易直接导致朋友圈被屏蔽甚至好友流失。

(2)微信公众平台

微信推出的公众平台让微信对企业营销的价值被无限放大，微信公众平台分订阅号和服务号、企业号三类平台。利用公众账号平台进行自媒体活动，简单来说就是进行一对多的媒体行为活动。微信公众平台需要在PC端操作，其注册页面如图2.4.2所示。

拥有真实粉丝数量庞大的微信公众账号已经成为网络营销的必备利器，其营销方式主要有：

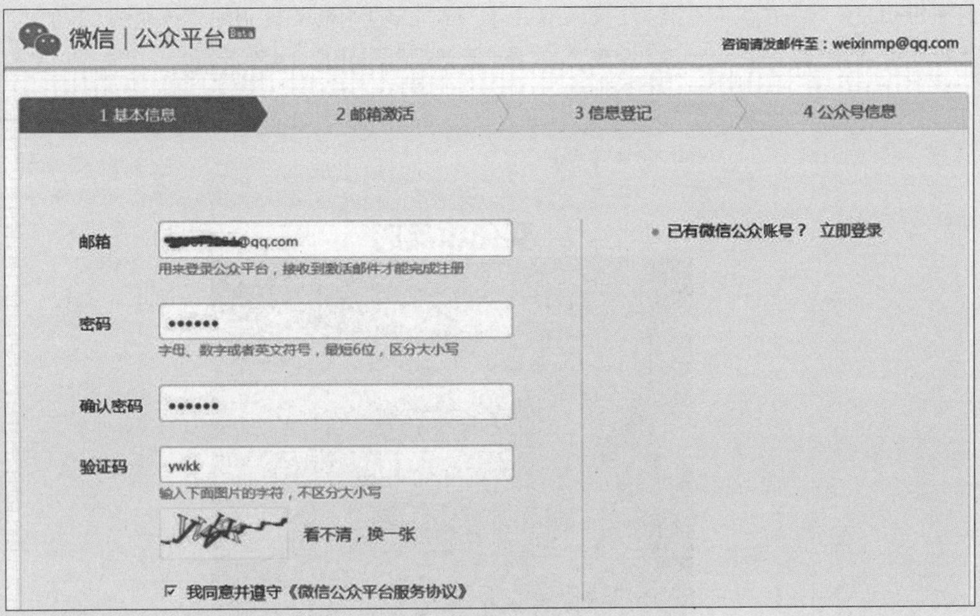

图2.4.2　微信公众平台

①图片广告。微信公众账号每天精选有价值的新闻、资讯等富媒体推送给订阅用户，并在文章的插图或者最后面，附上一张精心设计的广告图，看上去既一目了然，又不影响用户体验，还能实现广告传播效果最大化。

②植入广告。在推送的富媒体内容上，植入广告内容，如在文章、图片中提到某些品牌的名字、广告词等，这类广告不露痕迹，不易引起用户抵触，基于数量巨大的粉丝和用户对微信账号的高度认可，这类广告效果非常不错。

③纯粹广告。某些信息发布类媒体的微信公众账号可以定期整理一定数量的纯粹广告进行发布，广告内容本身就是用户需要的一种服务，广告自然效果最佳。

(3) 微信其他工具

微信红包、小程序、扫一扫等都是微信常见的营销工具，特别是微信红包，受到了广大受众的喜爱。利用红包打广告的形式不仅不会让用户反感，反而能得到更多的传播。

2.软广告+硬广告的营销工具——微博

微博又称微博客，是一种允许用户及时更新简短文本（通常少于140字）并可以公开发布的微型博客形式。它允许任何人阅读或者只能由用户选择的群组阅读。这些信息可以被很多方式传送，包括短信、实时信息软件、电子邮件或网页。微博营销是以微博作为营销平台，商家或个人通过微博平台发现并满足用户各类需求的商业行为方式。

(1) 微博发布

对于企业来说，每一个听众（粉丝）都是潜在的营销对象，企业通过更新微博向网友传播企业信息、产品信息，树立良好的企业形象和产品形象。每天更新内容就可以跟大家交流互动，或者发布大家感兴趣的话题，以此达到营销的目的。如图2.4.3所示是聚美优品的微博营销。

(2) 微话题

微话题是根据微博热点等多种渠道的内容，经过补充修饰和加以编辑的，与某个话题词有关的专题页面。微博用户可以进入该页面发表微博进行讨论，同时话题页面也会自动收录含有该话题词的相关微博。在发布微博时，输入双井号“##”，#号内的关键词即为话题词，我们也可以登录新浪微博后，单击导航栏的“发现”，选择“微话题”，如图2.4.4所示。

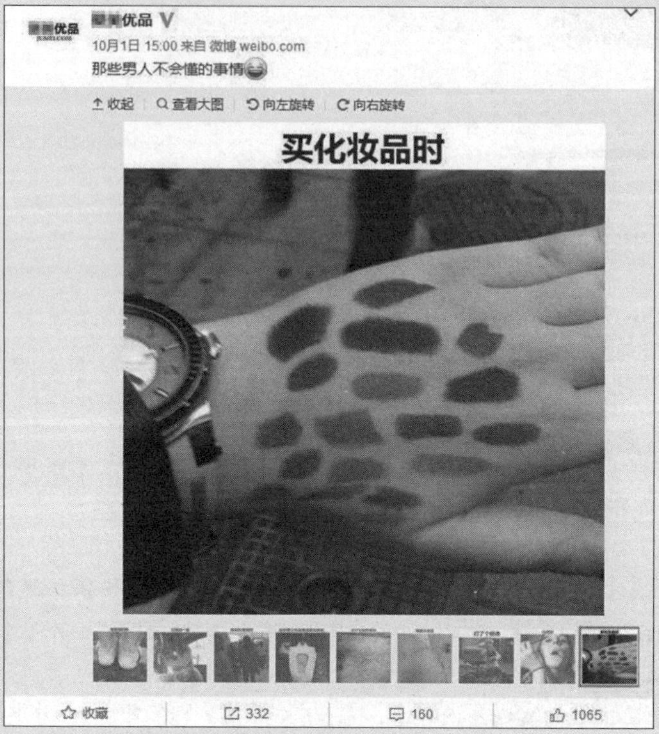

图2.4.3　某品牌的微博营销

图2.4.4　微话题

3.软广告+硬广告的营销工具——抖音

抖音作为社会化营销的新阵地，用户流量+短视频内容+KOL（关键意见领袖，在抖音上指网红）带来的圈层触点，是最显著的营销价值。一打开抖音，我们刷到的每一条视频，表面上看是一条视频，而背后其实也离不开文案写作。抖音上的广告营销往往更加注重内容的创意性，因为创意让广告表现得更加吸引人，卖点更为清晰有说服力。

当广告需要与越来越多KOL合作时，核心的做法就是让广告内容化，其中广告为“硬”，内容为“软”。让“软”的内容引渡消费者的注意力至硬广告上，并用“软”内容的趣味，去稀释消费者对硬广告的抵抗情绪，更好地实现广告传播价值。

（1）台词植入

台词植入是指通过短视频中人物的台词把产品的名称、特征等信息直白地传达给用户。这种方式很直接，也很容易激发用户对产品的认同感。不过，台词的链接一定要自然、恰当，不能太生硬地插入产品介绍，以免用户产生反感。这种植入在抖音的直播中非常常见，如“刘芳老师形体礼仪”抖音号中，刘芳老师在针对女性形体的授课中，就经常能看到台词植入式的带货模式。

（2）剧情植入

剧情植入是指把产品信息融入短视频的剧情中，通过故事的逻辑线条和情节发展，产品信息非常自然地出现在用户眼前。

活动实施

□ 找一找　抖音平台找案例。

步骤1：以小组为单位打开抖音上自己平常所关注的抖音号。

步骤2：找出你觉得在软广告方面做得最好的案例。

步骤3：说说该案例好在哪里，并完成表2.4.1。

表2.4.1　抖音案例列表

抖音号	案例标题	案例广告产品	案例亮点

合作实训

实训名称：“双十一”抖音文案策划。

实训背景：通过前面的学习，大家从理论上了解了“头脑风暴”，知道它是激发人脑思维的有效方式，但是需要更多人的参与配合。利用班级人数多的优势，大家共同亲身体验“头脑风暴”的作用。

实训目的：利用班级同学人数比较多的优势，开展集体的思维碰撞活动，有利于活跃学习气氛，激发同学们的学习热情，培养团队协作能力。在活动之中学习，通过对实际问题的思考体验“头脑风暴”的作用。

实训过程：

步骤1：教师事先准备几样产品（如护手霜、袜子、薯片、杯子等）供学生选择。

步骤2：学生自行分组，派代表以抽签的形式上台抽取实训产品。

步骤3：小组成员就本组产品进行头脑风暴，策划一个创意短视频文案。

步骤4：提交“头脑风暴”中大家提出的全部创意，小组成员上台展示文案创意以及后续拍摄预想。

步骤5：指导老师全程观察和适当指导活动，确保活动正常展开，最后对此次活动进行整体点评。

实训小结：本次合作实训对同学们的自主性要求比较高，把更多的主动权交给学生。在活动中，同学们真正体验"头脑风暴"在实际文案策划案例中的运用，提高同学们理论结合实际的运用能力。

项目总结

软文，说到底就是"润物细无声"地打广告。如何在打广告的同时，让别人欣然接受，就需要我们巧妙地把硬广告和软广告结合在一起，找好切入点。通过本项目的学习，学生能充分了解软广告和硬广告的概念，并熟悉常见的软广告+硬广告的营销工具，为学习后面章节的内容及以后从事软文写作打下良好的基础。

项目检测

1.单项选择题（每题只有一个正确答案，请将正确的答案填在括号中）

（1）软广告并不直接介绍产品，以下属于软广告的是（　　）。

A.麦当劳招牌　　B.电视插播广告　　C.电影植入广告　　D.街边吆喝

（2）软广告与硬广告相比，具有（　　）的特点。

A.商业味道淡　　B.形式单一　　C.持续时间比较短　　D.直接明了

（3）硬广告，是指直接介绍商品、服务内容的传统形式的广告，通过刊登报刊、设置（　　）、电台和电视台播出等进行宣传。

A.娱乐节目　　B.游戏　　C.广告牌　　D.电视情节

（4）CPM是一种（　　）的收费方式。

A.按点击成本　　B.按天　　C.按行动成本　　D.每千次展现成本

（5）下列属于增强软文情感指数的做法的是（　　）。

A.多采用第三人称　　B.多提目标群体的利益

C.多一些作者自己的主观意见　　D.采用思维导图

2.多项选择题（每题有两个或两个以上的正确答案，请将正确的答案填在括号中）

（1）软广告具有（　　）的特点。

A.表现形式多样　　B.持续时间相对较长

C.多采用渐进式的叙述　　D.直截了当

（2）以下关于硬广告的说法正确的是（　　）。

A.可以降低企业的广告成本　　B.投入成本高，持续时间较短

C.广告商业味道浓厚，可信程度低　　D.可以传播作者的价值观

（3）软文与硬广告融合过程中有助于利用好版面的方法是（　　）。

A.提炼出精练的主题　　B.黄金分割法

C.不同的传播途径相互配合　　D.凭作者直觉排版

(4)“头脑风暴”是一种有效地训练广告创意的方式，它需要(　　　　)。

A.确定议题　　B.明确分工　　C.规定纪律　　D.掌握时间

(5)一篇软文情感指数比较高的话一般表现在(　　　　)。

A.提到消费者的名字比较多　　B.多次提及公司或产品名称

C.多站在目标群体的角度考虑问题　　D.以上都不是

3.判断题(正确的画“√”，错误的画“×”)

(1)软广告一定不能出现产品或品牌名称。　(　　)

(2)软广告的商业味道一般比硬广告淡，所以效果也不好。　(　　)

(3)CPA是指按行动成本收费的广告方式，例如形成一次点击、获得一个注册用户、产生一次下载行为、完成一笔交易等，这类模式直指游戏、电子商务广告主的核心需求——产生注册和订单。　(　　)

(4)“头脑风暴”和思维导图都是训练广告创意的有效方法。　(　　)

(5)所有效果好的软文都是情感指数高的软文。　(　　)

4.简述题

(1)硬广告和软广告有机结合的方式有哪些?

(2)简述“头脑风暴”的流程。

5.案例分析题

点靓你厨房的漂亮锅，是谁?

了解我的人都知道，我在生活中不是个有耐心的人，但在厨房里却一玩就玩了11年，自得其乐。因为我一直觉得，厨房是“家的心脏”，是一个家最重要的地方。“心脏”好了，其他地方不会差太多，那些热腾腾的家常饭菜就算没有餐厅大师傅做得好吃和精美，但是每天端上桌的一瞬间，都是一个个温暖的“能量包”。

很多女人不喜欢做饭，不喜欢厨房，我觉得不是温情的时机未到，就是锅碗瓢盆的美貌不够。女人爱上做饭有3个重要的时间节点：恋爱、成家、生子。如果你还没到，就慢慢等吧。如果这些时间点都过去了，你依然喜欢不起来，那就真得找找锅碗瓢盆的原因了。

我刚搬家那段时间，邀请了很多朋友来暖房，我有一个从来不进厨房的女友，吃完饭之后坚持要刷锅洗碗，我一把抢过洗碗布，说：“我家有洗碗机。”她又一把抢回去说：“我只想一件件地触碰这些东西，太美好了。”

再后来，她回家去折腾她家的厨房了，现如今几乎我家有的，她差不多置办齐了，也开始热衷于在厨房做饭。虽然还是小白阶段，但已开始享受其中。

像很多热爱生活的人一样，我喜欢厨房里的锅碗瓢盆儿，喜欢所有漂亮、精致、实用、有品质感的家居用品。

(源自《文怡家常菜》官方微信)

阅读案例回答：

(1)本软文的主题是什么?

(2)请同学们关注文怡家常菜官方微信，并上网查找文怡之选相关资料，分析文怡家常菜是如何运用软文来进行推广的。

项目 3
认识软文的基本组成

□ 项目综述

当今社会，广告信息满天飞，广告说服力呈现下降趋势。在硬广告开始逐渐让人厌烦的时代，软文以其特有的优势在网络中进入人们的视线。软文之所以叫软文，精妙之处在于一个“软”字，它是一种隐形广告营销模式，避开了人们以往对硬广告的排斥心理，能让人们在不知不觉中掉入被精心设计过的“软文广告”陷阱，达到广告主的宣传推广作用。

一篇好的软文，其引发的口碑效应和群体效应，可以帮助企业提高广告效果和打开市场，可以提升品牌形象，提高企业的业界知名度。如何快速写出一篇有质量的软文？这就必须先知道软文的基本组成，即构成一篇软文的主体骨架，然后根据骨架去填充相应板块的内容，这样有助于快速完成一篇高质量的软文。

□ 项目目标

通过本项目的学习，应达到的具体目标如下：

知识目标

◇熟悉软文的基本构架

◇认识软文正文内容布局的方式

能力目标

◇学会分析软文的结构

◇能根据文章的中心思想合理选择正文内容的布局方式

◇提高对软文案例的阅读鉴赏能力

素质目标

◇培养学生之间和谐交流、积极合作的情感

◇培养学生自主学习、自主探究的精神

◇培养学生敢于创新、敢于挑战、严谨认真的职业素养

项目思维导图

- 认识软文的基本组成
  - 熟悉软文的基本构架——熟悉软文的基本构架
  - 认识软文正文内容布局的方式——认识软文正文内容布局的方式

任务1 熟悉软文的基本构架

情境设计

陈思豪他们在了解了软文发展的背景及基本概念后，对软文有了初步的认识。但对于什么样的软文才是高质量的软文，如何能快速写出一篇有质量的软文，仍旧毫无头绪。于是，他们继续借助网络进行信息化学习，了解软文的基本构架，为今后撰写软文作准备。

任务分解

陈思豪等同学在专业教师的指导下，先初步了解软文的基本构架，然后通过阅读软文实例，分析其结构，进一步熟悉和明确软文各基本组成部分的作用。

任务实施

活动 熟悉软文的基本构架

活动背景

陈思豪他们已经了解了软文的基本概念，对软文有了初步的认识，接下来将开始学习软文的撰写。如同写作文一样，学校专业老师带领他们先熟悉软文的基本构架，然后通过小组活动巩固相关知识点。

知识窗

软文的基本构架主要包括文章标题、文章开头、文章正文和文章结尾这几部分（见图3.1.1）。

1.文章标题

一篇文章的好坏首先取决于题目的好坏，题目是否新颖、有无创新、具不具备穿透力，这对能否引起读者的兴趣，达到心灵的共鸣非常重要。如果一篇软文光看标题就让人打不起精神，其广告效果根本就无从谈起。一个好的软文标题一定要紧扣文章中心内容，同时应具备以下几个要素：震撼力、诱惑力、神秘感、数字化，如《自从做了这个决定，我的人生逆袭了！》《什么？超过200 000人关注了这个？》等。

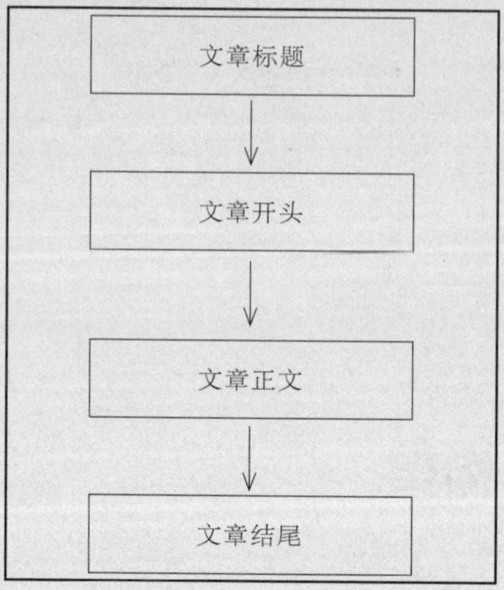

图3.1.1 软文基本架构

2.文章开头

中国古代对文章有一个很妙的比喻：凤头、猪肚、豹尾（见图3.1.2），凤头就是指文章的开头。

图3.1.2 古人对文章结构的比喻

文章的开头是文章内容的衔接，好的开头要有利于围绕主题拓展作者的思想，有利于吸引和引导读者读完全文。开头不需要多么华丽，只需要告诉读者你将要告诉他们什么，比如一个问题的解决方法，或者是一段感人的故事等。文章开头的写法有很多，常用的有以下几种。

（1）平铺直叙型

这种类型的开头是把一件事有头有尾、平铺直叙地说出来，一般可以用于重大事件或者名人明星的介绍，通过软文本身表现出来的重大吸引力来吸引读者继续阅读。

例如，中国室内装饰协会室内环境监测中心发出环境污染警示：厨房油烟危害健康。随着人们生活水平的提高，健康、环保意识也得到了逐步加强，人们开始反思以往生活中不利于健康的陋习，厨房有害物质排放的问题也应该引起重视。我国饮食文化讲究煎、炒、烹、炸，而这些烹调方式可产生大量油烟，"家庭煮妇"须防烟害。

（2）夸张刺激型

这种类型的开头就像软文的标题，在读者视线飘过的瞬间火速抓住读者的眼球，有夸张的成分，却能立刻刺激读者体内的肾上腺素上升，急切地想一探究竟。

例如：50万套！一天就卖出50万套！如此火爆的销量无疑给低迷不振的市场打了一剂强心针！到底是什么让顾客疯狂抢购？到底是什么让客服忙到双手快抽筋？这就是21世纪高科技产品——“某某黄金保暖衣！”！

短视频中的软文要素

（3）联想猜测型

这种类型的开头与夸张刺激型有点类似，但并不夸张，更倾向于写实或拟人，能让读者在看到第一眼的同时展开丰富的联想，猜测下文会发生什么，于是就有了继续阅读的欲望。

例如：如果我们身边没有了纯净的水，大家的生活会变成怎么样？衣服脏了，我们可以用水把它洗干净，然而，如果我们水脏了，我们用什么把它洗干净呢？

3.文章正文

如果我们把软文开头比喻为凤头，那么，软文正文我们可以称为猪肚。因为软文的推广任务是靠正文来完成的，所以正文的内容要丰富生动，要有引人入胜的元素。正文必须要和标题一致，什么样的标题就应当有什么样的内容。正文内容合理布局，能使标题最初传达的观点得到延续，增强文章的可读性，达到宣传推广的目的。

4.文章结尾

文章的结尾是对文章前面所有内容的一个总体概括。文章的结尾应像“豹尾”，短小精悍，刚劲有力，起到画龙点睛的作用。因为软文的主要目的是宣传推广，所以在文章的结尾，最好能署名或者留下链接，从而起到推广网站或者产品的作用。

活动实施

回 议一议 熟悉软文的基本构架。

步骤1：根据知识窗里的相关内容，归纳软文基本构架一般包含哪些组成部分，各部分具有什么作用，然后完成表3.1.1内容的填写。

表3.1.1 软文基本构架

组成部分	作 用

步骤2：成立学习小组，3~5人一组，对大家归纳的内容进行讨论整理。

步骤3：各小组共同分享整理的成果，在老师的指导下，进一步加深对软文基本构架的理解。

回 **找一找** 欣赏软文案例，分析文章结构。

步骤1：阅读欣赏以下两篇软文案例。

案例一：用豆浆代替牛奶的无奈

我的孩子陶陶，上小学三年级，是全家人的宝贝。不像我们小时候，现在生活条件好了，吃的、穿的、用的我们都尽量给他最好的。为了营养健康，全家人一直订牛奶，唯独陶陶从小就对牛奶不感冒，一闻奶味就恶心。

一开始我以为只是孩子不习惯，可后来喝了几次竟出现拉肚子的情况，我再也不敢给陶陶喝牛奶了，只好以豆浆代替（见图3.1.3）。

后来，我在报纸上得知“兴兵百万捉拿不能喝牛奶的人——中国乳糖不耐受免费检测”公益活动要在本市举行，就带上陶陶参加了检测，想知道究竟是什么原因导致孩子出现恶心拉肚子的不适反应。最后，检测结果出来是典型的“乳糖不耐受”！（在人体乳糖酶缺乏的情况下，牛奶中的乳糖不能被吸收，结肠的乳糖浓度增加，厌氧菌产酸、产气，从而引起腹胀、肠鸣、腹痛、腹泻，这种现象在医学上称为“乳糖不耐受症”。）

我听专家说要改善乳糖不耐受症，使孩子能喝上营养丰富的牛奶，做父母的要发挥主导作用。首先要清楚地认识到牛奶本身没有问题，是孩子身体吸收方面存在障碍，不能因此就放弃有益于身体健康和大脑发育的牛奶。

其次是要选择合适的奶品给孩子饮用。如××营养舒化奶就是低乳糖的牛奶，其水解率高达90%以上，降低了牛奶中的乳糖含量，减少了消化步骤，减轻了肠胃负担，所以就算是乳糖酶缺乏的人群饮奶后也不会出现腹胀、腹泻等不适反应。另外，产品还合理搭配膳食纤维、胶原蛋白等营养素，让吸收不成问题，而且营养更全面。

同时，要提醒的是在饮用量方面，父母可以灵活掌握。最初可以给孩子饮用少量的牛奶，随着时间的推移和孩子接受程度的提高再慢慢增加，由少到多，直到孩子喝奶不再有任何不适。

（案例源自网络）

图3.1.3 牛奶OR豆浆

案例二：不睡觉，人只能活五天

医学工作者都知道：

不吃饭，人可以活20天，

不喝水，人可以活7天，

不睡觉，人可以活5天。

可见，睡觉比喝水、吃饭更重要。睡眠有障碍的人往往面色灰黄，智力及记忆力下降，精神萎靡，抵抗力差，衰老过速等。有关文献显示：睡眠障碍者每天的衰老速度是正常人的2.5~3倍。美国圣地亚哥退伍军人医院的实验报告显示：一天的睡眠不足，就可导致第二天的免疫力下降，其中78%的人呈大幅度下降。

许多人有一个误区：失眠伤人，但睡得不沉、易惊醒、醒得过早等浅睡眠现象对人体伤害不大。医学论文指出：浅睡眠对衰老、智力、免疫力的危害与失眠造成的危害几乎相当。

为什么会出现睡眠障碍？原来是大脑的中枢神经出现了故障。以前解决的办法是用药物对中枢神经进行麻醉，该药物就是安眠药。近年人类找到了更好更安全的办法！

美国国家科学会出版的《MT的奇迹》介绍："大脑是人体的总司令部，它通过其分泌的MT控制人体各系统运作和衰老程度。年轻时，其分泌量大，于是人体以年轻状态运作；随年龄的增长，其分泌量日益下降，于是人体出现衰老。人体MT含量较高的时刻，人体就进入修复细胞和诞生新细胞阶段。此项工作必须在深睡眠状态下进行，于是人体就进入睡眠，直至深睡眠。"

某白金富含MT。饮用某白金2~3天后，睡不好觉的人即可享受婴儿般的睡眠，的确神奇！某白金的主要功效成分MT作为人体固有的天然物质，未发现任何副作用。美国FDA委托麦克博士，在荷兰针对1 800名妇女，每天喝正常剂量25倍的MT，经3年观察，无一例发生副作用。

富含MT的某白金无上瘾性。但许多人有疑问，为什么美国有5 000多万失眠者在长期补充？2004年4月26日，在北京隆重召开的MT学术研讨会上科学家们揭示了答案。

当医生的都知道，无论是衰老的进程，还是老年痴呆、心血管病、脑缺血、糖尿病等疾病的发生，都和自由基损伤有关，而MT强大的自由基清除作用则是对抗这些疾病研究的药理学基础。

根据调查报告，美国长期补充MT的失眠者，睡眠早已改善，但补充过程中，多数人出现了精力旺盛、食欲上升、疾病改善、大便畅通、衰老减缓等意外惊喜，导致众多补充者坚持不懈。世界老化与癌症会议主席华特博士在《MT的奇迹》中论述富含MT的某白金是人类迄今为止发现的最好助眠食品后，幽默地奉劝喝某白金者：别忘了，找一个心爱的枕头！

（案例源自网络）

步骤2：分析这两篇软文的文章结构，简要概括各部分的特点填入表3.1.2中。

表3.1.2　软文案例结构分析表

案例名称	组成部分	特　点
案例一		
案例二		

步骤3：完成后，在老师的指导下分组进行相互交流分享。

活动评价

陈思豪及其小组成员通过活动，熟悉了软文的基本构架，了解了软文各组成部分的作用。通过小组合作学习，激发了他们参与学习、乐于学习的兴趣，提高了学习的效率。

合作实训

实训名称：优秀软文分享会。

实训背景：陈思豪他们了解了软文的基本架构后，对软文产生了更加深厚的兴趣。为了更好地学习软文写作，他们决定策划一次优秀软文分享会，通过分享、赏析优秀的软文，激发同学们的学习兴趣。

实训目的：通过优秀软文的赏析，让同学们更好地了解软文的基本架构，激发同学们的学习兴趣与写作热情。

实训过程：

步骤1：先向专业老师提出活动申请，然后在专业老师的同意下，组建活动策划小组，推举陈思豪作为活动小组组长。

步骤2：陈思豪组织策划小组开会讨论，共同制订本次活动的方案。将活动方案提交给专业老师。

步骤3：制订好活动实施方案，并做好宣传及相关工作准备。按照表3.1.3的内容，依次完成各项工作。

表3.1.3 活动任务分工安排表

序 号	工作任务	负责人	时间/天	工作成果
1	制订活动实施方案	陈思豪	1	活动方案
2	优秀文章汇总，各种表格准备	胡柏群	1	汇总表
3	活动宣传及场地布置	王星亮	1	宣传单

步骤4：活动任务明确后，各负责人分别开展工作。

步骤5：利用一节专业课，向同学介绍本次活动的目的和细则，发动同学积极参与。

步骤6：收集汇总同学推荐的优秀文章。

步骤7：利用一节专业课，各组做优秀软文推荐分享，共同分析这些软文的结构特点，评说文章的优缺点，并将一些优美的句子、精彩的标题、引人入胜的开头、令人回味的结尾记在摘抄本上，作为素材积累。

实训小结：本次优秀软文分享会活动，激发了同学们学习软文的热情。通过优秀文章的赏析，学生加深了对软文基本架构的理解。同时，在研讨的过程中，学生活跃了思维，提高了分析问题的能力。

任务2
认识软文正文内容布局的方式

情境设计

陈思豪、胡柏群、王星亮等同学在上一节学习了软文的基本构架，了解了软文一般由文章标题、文章开头、文章正文和文章结尾这四个部分组成。但对正文部分如何谋篇布局仍旧打不开思路。于是，他们继续借助网络进行信息化学习，了解软文正文内容布局的方式。

任务分解

陈思豪等同学在专业教师的指导下，先学习软文正文内容布局方式的相关知识，然后通过范例阅读，模仿写作，进一步熟悉软文正文内容的各种布局方式。

任务实施

活动　认识软文正文内容布局的方式

活动背景

陈思豪等3位同学了解了软文的基本架构，但要写好一篇软文，还有很多知识和技巧需要了解和学习。因此，学校专业老师带领他们继续学习软文正文内容布局的方式，然后通过小组活动巩固相关知识点。

知识窗

软文写作就如同盖房子，房子在修盖之前先确定好图纸，才能保证房子建出来更漂亮、结构更合理。软文布局是指如何搭建文章的架构，即将文章的素材、文字和标点符号及数字，按照软文的中心思想和行动目标，合理地排列，组合成一个完整而和谐的整体。简单来说就是文章的结构、组织形式（见图3.2.1）。

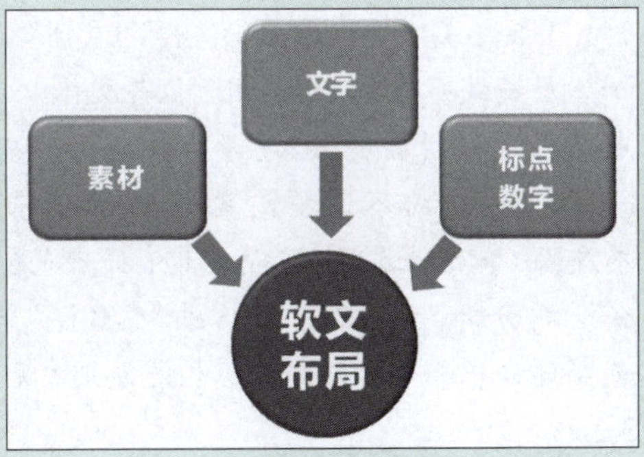

图3.2.1　软文布局

软文的布局离不开“凤头、猪肚、豹尾”三大构架。凤头就是开头新奇，猪肚就是中间内容详尽，豹尾就是结尾巧妙，强而有力。一篇软文，布局合理，构思巧妙，才能抓住读者的眼球，让读者从内心产生共鸣，让读者在阅读之后能够印象深刻，有回味，有感受，有冲动，特别有刨根问底的冲动，这样才能达到软文推广的效果。

软文正文内容布局的常用方式，有以下几种：

1.悬念式

何谓悬念？很好理解，就是开篇就设置疑团，在第一时间引起读者的好奇，调动起读者的阅读兴趣。这种类型的软文，它是在情节发展中把故事情节、人物命运推到关键处后故意岔开，不做交代，或说出一个奇怪的现象而不说原因，使读者产生急切的期盼心理，然后在适当的时机揭开谜底。

通过设问引起话题和关注是悬念式软文的优势，在撰写此类软文时，我们可以把一个完整的故事或者创意在情节发展的关键点分割开来，通过设置悬念的方式来持续吸引受众关注。例如，"'神舟三号'葫芦里装啥药？""什么使她重获新生？"。

2.抑扬式

所谓"抑扬"，就是对所表现的事物，欲扬之，则先抑之；欲抑之，则先扬之。这样不但可以增加文章的起伏变化，而且还能突出事物的特点或人物思想情感的发展变化。

一篇软文，特别是故事性软文，看完开头就知道结尾的不是好的软文。如能运用抑扬法就能做到千回百转，避免平铺直叙，使文章产生诱人的艺术魅力。

以下是两篇软文的对比，前一篇采用简单的平铺直叙，而后一篇采用欲扬先抑手法进行改写。

原文：我是个农村的孩子，家里经济条件不好。回家过星期天，要返校了，妹妹一边往我的菜瓶子里装菜，一边偷吃菜里的肉丁。我怨妹妹嘴馋，妹妹说："姐姐，你不在家，我们尽吃小菜。你一回家，妈妈总是割肉买鱼给你补养身体，你又吃又往学校带，要是你天天在家多好啊！"

改写：周末，邻居对回家的女儿迎出很远，嘴里"心肝宝贝"叫个不停。而妈妈对我只是笑了笑，我心里很不是滋味。妹妹在给我装菜时偷吃菜中的肉丁，更使我火冒三丈，但妹妹的一句话让我羞愧难当："姐姐，你不在家，我们尽吃小菜。你一回家，妈妈总是割肉买鱼给你补养身体，你又吃又往学校带。要是你天天在家多好啊！"

以上两个片段都是颂扬母爱，可是前文就事写事，未必是佳作；后文先抑后扬，文章显得曲折生动，给读者留下强烈的印象，增强了文章的感染力。

3.层递式

层递式布局方法经常用于议论文体中，特点是在论证时层层深入、步步推进，一环扣一环，每部分都不能缺少。论述时，由现象到本质，由事实到道理，这是层递；提出"是什么"，再分析"为什么"，最后讲"怎么样"，也是层递；讲道理层层深入，也是层递（见图3.2.2）。

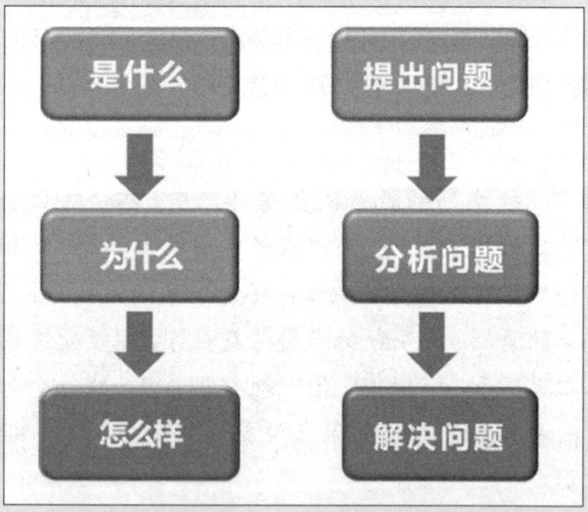

图3.2.2 层递式结构

运用层递式结构要注意内容之间的前后逻辑关系，顺序不可随意颠倒，这种方法的好处是逻辑严密，能说明问题。

4.并列式

所谓并列式软文布局，是从若干方面入笔，不分主次、并列平行地叙述事件、说明事物，或以几个并列的层次论证中心论点的结构方式。其特点是将事件、事物或论题分成几个方面来叙写、说明和议论，每个部分都是独立完整的部分，与其他部分是并列平行关系。

并列式软文的组成形式有两种：一种是围绕中心论点，平行地列出若干分论点；另一种是围绕一个论点，运用几个并列关系的论据。我们在运用并列式结构时要注意以下两点：

①并列的几个内容既各自独立，又紧紧围绕一个中心。

②并列的各个部分必须是平行的，要防止各个方面交叉或从属。

5.三段式

三段式布局法是仿新闻学中“倒三角写作法”，第一段以较为简练的语言对事件做一个概述性的描述，通常说清楚事件的主体、客体、时间、地点，再以一句话简单概括出这一事件的意义。

第二段主要是对第一段所描述的事件进一步展开，包括交代事件发生的背景，事件相关的细节，重点则在于阐述事件作为新闻的“由头”。

第三段主要是对事件提出“观点”，也就是对事件的“意义”进行“拔高”。撰写这一段的要领在于要“发散”开去写，要把这一事件放到大的市场环境、产业背景以及企业自身的发展历史中去写，只有这样，才能够在更高、更深的层面去体现事件的价值和意义。

6.总分总式

运用总分总式的文章往往开篇点题，在主体部分将中心论点分成几个基本上是横向展开的分论点，然后一一进行论证，最后在结论部分加以归纳、总结和必要的引申。

简单地说，总分总式布局可以用A—B、C、D—E结构表示。具体写法如下：

开头部分（A）点明题意，简洁醒目，作为文章的总起。主干部分（B、C、D）也可以说是文章的分述，它的几段互相独立，从不同的角度表达中心，但在先后编排上还需要有一定的斟酌。结尾部分（E）是文章的总结，它不仅是D的自然过渡，而且常常是对B、C、D的归纳小结，又是对A的呼应。

7.片段组合式

片段组合式布局又称镜头剪接法，是指根据表现主题的需要，选择几个典型生动的人物、事件或景物片段组合成文。主题是文章的灵魂，是串联全部内容的思想红线，因此，所选的镜头片段，无论是人物生活片段，或是景物描写片段，甚至是故事、抒情片段，都要服从于表现主题的需要。

8.正反对比式

通过正反两种情况的对比分析来论证观点的结构形式。通篇运用对比，道理讲得更透彻、鲜明；局部运用正反对比的论据，材料更有说服力。在使用正反对比法时应注意以下几个问题：

①围绕中心论点选择比较材料，确定对比点。所选对象必须是两种性质截然相反或有差异的事物，论证时要紧扣文章的中心。

②正反论证应有主有次。若文章从正面立论，主体部分则以正面论述为主，以反面论述为辅；若文章从反面立论，则以反面论述为主，以正面论述为辅。

软文营销中的其他布局方式

活动实施

搜一搜　熟悉软文正文内容布局的方式。

步骤1：利用网络，选用合适的搜索引擎，按表3.2.1的顺序，搜索相应布局方式的软文，并进行分享。

表3.2.1 软文布局方式文章列表

布局方式	文章标题	网 址
悬念式		
抑扬式		
层递式		
并列式		
三段式		
总分总式		
片段组合式		
正反对比式		

步骤2：成立学习小组，3~5人一组，对大家搜索的内容进行讨论整理。

步骤3：各小组共同分享整理的成果，在老师的指导下，进一步加深对软文正文内容布局方式的理解。

□ 改一改 阅读软文案例，修改文章布局。

步骤1：认真阅读以下软文案例。

某某6+1：创环保新家装

日前，某某装饰与以环保著称的某某合作，将某某旗下的环保内墙涂料纳入某某装饰的产品体系中，这样，消费者在装修时，又多了一种选择。

据介绍，"某某6+1"是一种新型多功能型健康内墙涂料，不仅拥有普通优质涂料的主要功能，还突破性地具有室内空气污染治理的功效。"某某6+1"字中的"6"就是指它作为涂料所具有的超强耐擦洗、超强抗污防水、强劲遮盖、全面抗菌防毒等功能，而尤为突出的"1"则是指其可以有效治理室内空气污染。

具体来说，某某具有三大卓越功能：第一是祛除室内空气污染，它在室内空气污染超标10倍的静态环境下，96小时对甲醛、苯系物、氨等有害气体的祛除率大于90%；第二大功能则是抗菌抑菌，某某健康漆对大肠杆菌、金黄色葡萄球菌的抑菌率大于99%，可预防多种疾病；第三，某某还能长期持续释放负离子700~2 000个/cm^3，达到园林级空气中负离子浓度，医学界称负离子为"空气中的维生素"，可以促进人体健康，改善呼吸系统和肺功能，使血液增加溶氧量，消除疲劳、改善睡眠质量等。

某某自面世以来，已经在首都国际机场T3航站楼、北京市建委机关办公楼、北京市工商行政管理局、北京长安大剧院等200余项工程中使用，其功效得到了业界同人的肯定，得到了用户的一致认可，北京市建委还将向全市重点工程推广使用某某。

（源自写手之家，作者：啸天）

步骤2：分析这篇软文的正文布局方式，然后尝试将文章布局修改成悬念式。

步骤3：完成后，在老师的指导下分组进行相互交流分享。

活动评价

陈思豪及其小组成员通过活动，了解了软文正文内容布局的方式，熟悉了各种布局方式的特点。在学习过程中，小组成员相互交流，共同讨论，知识得到理解，情感得到交流，能力得到培养。

合作实训

实训名称：初尝软文写作。

实训背景：陈思豪、胡柏群、王星亮3位同学通过对前面知识的学习，对软文的结构及布局方式有了一定的认识。近年来，随着乡村振兴战略深入实施，网络销售凭借便捷、高效、成本低、覆盖面广等优势，有效助力农产品销售。恰巧本校一位师兄的家乡土特产网店（主营五谷杂粮）要作推广，需要撰写一篇软文，于是专业老师打算组织班上的同学尝试写作，希望通过真实案例实践体验，让班里的同学进一步熟悉软文的基本构架及布局方式。

实训目的：通过真实案例实践，激发同学们的写作兴趣和热情，让同学们在良好的氛围中尝试软文写作，为今后的软文写作学习打好基础。

实训过程：

步骤1：在专业老师的牵线下，活动小组组长陈思豪负责与网店店主进行联系，约定好交流的时间、地点。

步骤2：王星亮负责场地布置，网店店主与同学们进行沟通交流，让同学们了解该网店的定位、风格及产品特点，明确软文要求。

步骤3：各小组讨论、商议定好软文题目，然后分工合作，利用网络和搜索引擎进行素材的搜集与整理。

步骤4：确定文章布局方式，列出写作提纲。

步骤5：撰写软文初稿（以小组为单位）。

步骤6：收集各小组上交的文章，小组间互相阅读。

步骤7：专业教师对各小组的文章进行点评，指出优缺点，学生修改各自的文章。

步骤8：召开总结会，总结撰写经验，各组小组长负责撰写总结报告。

实训小结：通过本次软文撰写活动，了解了学生对当前知识的掌握情况。通过真实的助农案例实践体验，一方面提升了学生的学习兴趣和积极性，另一方面也让学生在活动中深化对共同富裕的认识。

项目总结

在当今的互联网时代，信息爆炸，软文对企业品牌、销售、知名度等方面均能起到非常好的宣传作用。企业对软文推广越来越重视，对软文人才的需求也越来越大。本项目主要介绍了软文的基本构架和软文正文内容布局的方式等内容，是学生学习软文写作的重要基础。写作前，根据文章的中心及收集的素材，确定文章的框架布局，然后开始写作，可以确保整篇文章思路清晰、逻辑严谨、结构完整、首尾贯一。

项目检测

1.单项选择题（每题只有一个正确答案，请将正确的答案填在括号中）

（1）通过正反两种情况的对比分析来论证观点的结构形式，是（　　）布局方式。

A.抑扬式　　B.悬念式　　C.层递式　　D.正反对比式

（2）以下这段文章开头，属于（　　）的开头。

“3 400米，这就是他们每天用脚步衡量的距离。无论风雨，无论霜雪，他们的脚步稳稳地踏过坚实的土地，或慢或快，没有一丝懈怠，常常是人们还在熟睡中，他们已经走出家门沐浴在淡薄的晨霭中，而人们已经入睡，他们却还披着星光忙碌奔波。他们是谁？”

A.平铺直叙型　　B.夸张刺激型　　C.联想猜想型　　D.悬念型

（3）常被比喻为“凤头”的是指文章的（　　）。

A.标题　　B.开头　　C.正文　　D.结尾

（4）首先以较为简练的语言对事件做一个概述性的描述，然后对前面所描述的事件进一步展开，最后对事件提出“观点”。这种布局方式属于（　　）。

A.总分总式　　B.三段式　　C.层递式　　D.并列式

（5）（　　）布局又称为镜头剪接法。

A.并列式　　B.层递式　　C.片段组合式　　D.三段式

2.多项选择题（每题有两个或两个以上的正确答案，请将正确的答案填在括号中）

（1）软文的基本构架主要包含哪几部分？（　　）

A.文章正文　　B.文章标题　　C.文章开头　　D.文章结尾

（2）软文常用的开头类型有（　　）。

A.平铺直叙型　　B.夸张刺激型　　C.联想猜想型　　D.介绍说明型

（3）议论说明类软文常用的布局方式有（　　）。

A.并列式　　B.层递式　　C.片段组合式　　D.总分总式

（4）记叙形式的软文常用的布局方式有（　　）。

A.悬念式　　B.抑扬式　　C.片段组合式　　D.层递式

（5）“这不是一本好书，它和我们社会上宣传的对待孩子的方式截然相反，它会让你变成一个坏家长……”以上是一篇软文的段落节选，从中可判断该软文有可能采用的是（　　）布局方式。

A.悬念式　　B.抑扬式　　C.层进式　　D.总分总式

3.判断题（正确的画“√”，错误的画“×”）

（1）人们常将文章的标题比喻为“凤头”。（　　）

（2）软文正文布局方式中，类似新闻学中“倒三角写作法”的是总分总式布局法。（　　）

(3) 层递式布局的特点是在论证时层层深入，步步推进，一环扣一环，每部分都不能缺少。因此常用于议论文体中。 （ ）

(4) 在软文的结尾，留下署名或者链接，能起到推广网站或者产品的作用。 （ ）

(5) 根据表现主题的需要，选择几个典型生动的人物、事件或景物片段组合成文，是片段组合式布局的特点。 （ ）

4.简述题

(1) 软文的基本架构包括哪几部分？各有什么作用？

(2) 三段式布局与总分总式布局有何异同之处？

5.案例分析题

把梦想刻写在奋斗的坐标

【人物】北京大学保安。

【故事】在北京大学，老师和同学们经常能看到这样一群人：无论寒风中还是烈日下，他们都在坚守岗位、维持秩序；校园内，他们不断穿梭巡逻；闲暇时，他们也会出入教学楼听课，抓紧时间捧书苦读，汲取知识、丰盈人生……用心守护校园、怀揣对知识的渴求；既能用英语和留学生熟练交谈，也能冷静处理各类突发状况，他们就是北大保安。

【点评】

北大保安，是一个普通而特殊的群体。说他们普通，是因为工作内容和一般的安保工作并没有太大的区别。有老师的手机不慎掉入湖中，保安员在雨中持续打捞3个小时，终于保住了手机中的重要资料；有同学因为受伤行动不便，保安员便帮忙运送行李，背受伤的同学上下楼，为他们送菜送饭。小到日夜巡逻、失物招领，大到守护整个校园，北大保安用热情饱满的工作状态和细心周到的服务，为师生们带来满满的安全感。而说特殊，是因为他们往往"身怀绝技"，前段时间，北大保安才师傅因为在电子屏上创作精美图画而走红，让网友赞叹不已。

"用心就能画好。只要用心，啥事都能办成。"这是才师傅对自己绘画技能的感悟，也道出了北大保安这个群体的共同特质。"爱钻研""爱学习""深藏不露、勇敢追梦"，是多年来人们对北大保安的突出印象。他们中，有人英文单词量超过1.5万个，能够用纯熟的英语和留学生沟通；有人自学编程，大幅提高了工作效率；还有不少人利用业余时间通过自学考试完成学业，实现了深造的梦想，并在后续的岗位中不断播撒终身学习的种子。爱岗敬业、拼搏向上、努力奔跑，让平凡的岗位绽放出不平凡的光芒。心中有梦、眼里有光、脚下有路，勾勒出奋斗最好的模样。

有人说，北大保安"卧虎藏龙"离不开良好环境的熏染。的确，"大师身旁宜聆教，未名湖畔好读书"，北大保安守护着学校的安宁秩序和浓厚的学习氛围，而北大也为他们提供着友善的氛围和"加油充电"的便利。从同学热心提供学习资料，到学校为他们开展各类培训，再到为保安小哥开通图书馆读书阅览权限……不因身份而有隔阂，不因差别而生嫌隙，北大保安与北大学子同是追梦人，在同一方天地互相学习、一起成长，追逐知识与梦想，用汗水与付出共同书写了一个个温暖的追梦圆梦故事。

每一个梦想都值得尊重，每一分努力都值得赞美。从由山坳穷学生变成计算机博士的黄国平，到每日练球运球如飞的独臂少年张家城，再到北大保安……每个人追梦圆梦的足迹，映照着社会的变化与活力，也为逐梦而行的时代写下生动注脚。或大或小、色彩斑斓的梦想，在不弃微末、不舍寸功中开花结果，在日复一日、一点一滴的坚守中逐渐可感可及。把梦想刻写在奋斗的坐标上，向着更美好的生活进发，这是一个又一个追梦故事带给我们的启示。

（源自《人民日报评论》）

阅读案例回答：

（1）这篇软文属于什么类型的软文？

（2）这篇软文采用的是什么布局方式？

（3）在本文中，点明文章中心，起到引出下文作用的是哪一句话？

项目 4
撰写软文标题

回 项目综述

一名成功的商务软文写手，要掌握撰写软文标题的技巧，标题写得好，才能画龙点睛，软文才会被受众点击阅读，起到宣传企业和产品的效果。陈思豪他们所在的校企合作企业E电园正值节日促销时期，特别需要通过软文营销来促进产品的销售。他们三位同学在企业实习及之前对软文相关知识的学习后，软文的写作有了较大的进步。为了继续学习有关商务软文的知识，他们下一步需要学习商务软文标题写作方面的内容，熟悉现代软文标题的写作技巧。

回 项目目标

通过本项目的学习，应达到的具体目标如下：

知识目标

◇认识软文标题
◇了解软文标题的意义
◇熟悉软文标题的写作技巧
◇认识软文标题的误区

能力目标

◇熟悉软文标题写作技巧
◇会写软文标题
◇能解析优秀软文标题
◇能避免软文标题的误区

素质目标

◇提升学生感知软文标题魅力和文化品位
◇培养学生善于概括总结的意识
◇提升学生语言运用的艺术修养
◇培养学生诚信守法的意识

项目思维导图

- 撰写软文标题
  - 熟悉软文常见的标题
    - 了解软文标题的意义
    - 了解软文标题的类型
  - 熟知软文标题的要求
    - 归纳软文标题的写作要求
  - 写作软文标题
    - 了解软文标题的写作技巧
  - 厘清软文标题的误区
    - 了解软文标题的写作误区

任务1 熟悉软文常见的标题

情境设计

陈思豪他们所在的校企合作企业E电园现在正值企业促销时期，市场营销策划经理想通过软文营销来促进产品销售，安排了陈思豪他们拟一些有吸引力的软文标题。因此，陈思豪他们需要提前做好软件标题写作方面的知识准备。在学校专业老师的指导下，陈思豪他们组成了学习小组，借助网络的手段进行学习，了解软文标题的意义以及类型。

任务分解

陈思豪等几位同学，为了完成企业布置的任务，他们在专业老师的指导下，利用信息化手段及网络平台自主学习，通过网络搜索引擎搜索软文标题的相关知识，了解软文标题的意义和类型。此外，他们还需要学习团队分工协作方面的知识，以提高职业素养。

任务实施

活动1　了解软文标题的意义

活动背景

陈思豪他们通过之前的学习，对软文学习有了一定基础，但是在电子商务领域中对于软文标题写作的专业知识并不熟悉。因此，学校专业老师带领他们先学习软文标题的基础知识：什么是软文标题？然后通过小组活动巩固相关知识点。

知识窗

“雨水——随风潜入夜，润物细无声；惊蛰——春雷响，万物长；谷雨——风吹雨洗一城花；立夏——天地始交，万物并秀……”独具新意的开篇，是中国呈现给全世界的第一眼，二十四节气倒计时的“中国式浪漫”饱含中国人的诗性情感，每一句诗句都恰如其分地表达了该节气的特征，展现了人与自然和世界相处的无穷智慧。软文标题写作正应如此，一语中的概括全文，语言应用恰如其分吸引读者。

1.认识软文标题

某国产品牌汽车“元”系列产品发布时标题为《元来不一YOUNG，多元色彩为你而来》，某“驱逐舰”产品发布时标题为《一“舰”倾心》《一见倾心，邀您共鉴》《一台车的自我修养》《DM-i超级混动首折，其凭何进清华大学教材还荣登封面？》等。

某国产品牌手机标题：《精彩，由我摄定》《用摄像翻译“我爱你”》《妙用这些功能，让你的年度Plog秀出圈》《双十一狂欢攻略来了，入手你的心仪好物》《×××正式开售，这五大亮点你掌握了吗？》《你离P50系列真像，只有一步之遥》《这可能是最紧张的一次看表》《TA俩神搭档，玩出新花样》等。

2.软文标题的意义

俗话说，眼睛是心灵的窗户，从眼睛能透出这个人的内在灵魂。而标题就是一篇软文的眼睛，是整篇软文的灵魂，体现软文的中心内容，是整篇软文的核心思想。一篇软文好不好，我们首先看的就是标题，标题有没有吸引力，能不能抓住读者的眼球至关重要，特别是网络上的软文，没有吸引力的标题就没有点击率。所以从软文写作来看，软文标题怎么写是最重要的一个环节。大家也曾经听说过这样一句话：“题好一半文”，定一个好的标题，软文就成功了一半。一篇文章，标题是读者第一眼就看到的，它决定着读者是否有兴趣继续阅读下去。标题不好，哪怕你文章内容再丰富，也不能吸引读者。一篇软文，如果内容丰富，而且标题也吸引人，就是一篇成功的软文。

活动实施

搜一搜　了解软文标题的意义。

步骤1：利用网络选用不同的搜索引擎，如百度、360搜索等搜索有关软文标题的意义，完成表4.1.1内容的填写。

表4.1.1　软文标题意义描述

序　号	软文标题的意义	选用的搜索引擎
1		
2		
3		

步骤2：成立学习小组，3~5人一组，对大家搜索的内容进行讨论，组合整理成较完整的软文标题意义的描述。

步骤3：各小组共同分享整理的成果，如图4.1.1和图4.1.2所示，在老师的指导下，感受几条标题的精妙，体会标题吸引人的意义。

图4.1.1 店铺推广软文标题

图4.1.2 产品推广软文标题

活动评价

陈思豪及其小组成员通过活动，初步了解了软文标题的意义，利用互联网的学习，加深了对软文标题重要性的了解。在学习过程中，小组成员的网上自学能力有了一定的提高，同时，大家感受到了合作带来的乐趣，培养了团队意识。

活动2　了解软文标题的类型

活动背景

陈思豪、胡柏群、王星亮3位同学在学校专业老师的建议下，利用网络收集不同类型的软文标题，通过比较学习，熟悉软文标题的不同类型，为今后的学习打下良好的基础。

知识窗

软文标题常见的6种类型。

1.确定范围的标题

例如，"'80后'进来讨论讨论"这样的标题，不但能够吸引"80后"的用户，同时，人的好奇心是无限的，当你设定范围的时候，在范围之外的人亦会无比好奇，从而达到吸引设定人群范围外的用户的作用。

2.数字型的标题

例如，"5天时间，赚足3 800元!"（理财产品软文标题）、"五分钟PS出一个漂亮的LOGO"

（某网站软文标题），这类标题往往能够给用户一个权威性的假象，从而达到吸引用户阅读的目的。数字型的标题在网上盛行已久，这样的标题在软文的写作中能吸引大量用户的眼球，并且屡试不爽。

3.夸张化的标题

这类标题是标题党的惯用手段，如“史上最疯狂的手机甩卖”等。经过夸张化，这类标题很容易吸引用户的眼球，但是这类标题应该有个度，不然只会招来一片骂声。

4.疑问式的标题

疑问式的标题通常也能牢牢吸引用户的眼球，疑问式的标题容易让用户产生共鸣，或者激起用户帮助的欲望，从而达到吸引用户阅读的目的，但是，这样的标题对内容要求较高，需要精心策划内容。

5.公众人物效应式的标题

公众人物效应自不必赘述，公众人物会受到大部分普通群众的关注，因此人们对具有公众人物的标题也会有所关注。

6.热点事件标题

热点事件，跟公众人物效应一样会得到许多人的关注，如果标题跟热点事件巧妙地联系上，那么标题关注度自然不会低。

17种软文标题拟法和101个模板

活动实施

找一找　欣赏不同类型的软文标题。

步骤1：打开IE浏览器，输入百度引擎地址，打开百度搜索页面。

步骤2：按照表4.1.2中软文标题类型利用搜索引擎分类进行搜索。挑选你自己认为比较精彩的3条软文标题进行阅读，并将标题内容填入表4.1.2中或自行建立文档保存。

表4.1.2　软文标题列表

序　号	标题的类型	标题的内容
1	确定范围的标题	
2	数字型的标题	
3	夸张化的标题	
4	疑问式的标题	
5	公众人物效应式的标题	
6	热点事件标题	

步骤3：完成后，在老师的指导下分组进行交流分享。

步骤4：老师对收集的软文标题进行点评，教学生学会鉴赏。

活动评价

陈思豪及其小组成员通过活动，进一步熟悉了软文标题的类型，利用互联网上的工具，收集了丰富多彩的软文标题，加深了对软文标题类型的了解。小组成员的思考和归纳能力得到了锻炼。

合作实训

实训名称："网罗天下软文标题"竞赛。

实训背景：陈思豪他们通过对软文标题的意义和类型的了解，对软文标题产生了深厚的兴趣，并且了解到不同的企业、不同的工作内容，撰写的软文标题也不同，为了让班级里的同学进一步理解软文标题，共同营造良好的学习软文标题的氛围，他们主动向老师提出策划一次"网罗天下软文标题"的竞赛。

实训目的：让更多人理解软文标题的意义，共同营造良好的学习软文标题氛围，为今后学习如何写作软文标题打下基础。

实训过程：

步骤1：先向专业老师提出活动申请，然后在专业老师的同意下，组建活动策划小组，投票选出胡柏群为活动小组组长。

步骤2：胡柏群组织策划小组开会讨论，共同制订本次活动的方案。将活动方案提交给班主任，征得班主任同意和支持后，申请相关的活动经费，主要用于购买比赛的奖品。

步骤3：制订好活动宣传和实施计划。按照表4.1.3各自完成准备工作。

表4.1.3　活动任务分工表

序　号	工作任务	负责人	团队职位	时间 / 天	工作成果
1	制订活动策划方案	胡柏群	总负责	1	策划书
2	比赛奖品的准备	陈思豪	后勤	1	物品
3	具体活动的实施及宣传	王星亮	策划、宣传	1	活动实施具体方案、宣传单

步骤4：活动任务明确后，负责人分别开展工作。

步骤5：利用班会课宣传和发动同学积极参加比赛活动，鼓励同学热情参与专业课学习实践。说明活动规则。

步骤6：收集同学上交的作品，全部在班级进行展示。

步骤7：组织同学投票评价，一人一票，除自己作品外，手中的票可以投给任何一件自己认为优秀的作品。

步骤8：统计投票结果，公布获奖作品，在老师的指导下组织颁奖。

步骤9：开会总结经验，由小组长负责撰写竞赛总结报告。

实训小结：通过本次比赛活动，小组成员了解了目前同学们对软文标题的掌握情况，同时通过活动激发了大家学习软文标题的兴趣。在竞赛中，巩固和加深了软文标题的学习，职业素养方面也得到了锻炼。活动结束后，总结分析收获，为今后的团队工作积累经验。

任务2
熟知软文标题的要求

情境设计

陈思豪、胡柏群、王星亮等同学一方面为了在校企合作企业E电园见习期间顺利完成撰写企业节日促销软文标题的任务，另一方面他们想通过此次锻炼机会，积累更丰富的工作经验，为以后工作做好准备。于是，陈思豪他们需要提前做好软文标题要求方面的知识储备。在学校专业老师的指导下，陈思豪他们组成了学习小组，借助学校图书馆和电子阅览室进行学习，了解软文标题的要求，为撰写软文标题作铺垫。

任务分解

陈思豪等几位同学，为了充分利用难得的顶岗实习机会，他们在专业老师的指导下，利用图书馆的图书资源进行自主学习，通过学校图书馆和电子阅览室学习软文标题要求的相关知识。此外，他们还需要锻炼筛选知识的能力，提高对网络信息的敏感度。

任务实施

活动　归纳软文标题的写作要求

活动背景

陈思豪他们对实习企业节日促销内容和策略有了一定的了解，但是在电子商务领域中对软文标题的要求并不熟悉。因此，学校专业老师带领他们利用学校图书馆的图书资源和电子阅览室学习软文标题的要求，然后通过小组活动巩固相关知识点。

知识窗

软文标题的要求可以归纳为以下3个方面：

1.标题不能太长

有些人在写软文的时候，希望通过标题就将全文的中心思想表达出来，于是往往会撰写一个较长的标题。用长句做标题，会给人标题冗余的感觉，这会引起读者反感，导致直接不去看软文内容。我们定软文标题的目的是将读者从标题引到文章内容中去。所以需要强调的是在不影响意思表达的前提下，要做到在有限的字数内，表达真正的思想。

2.标题有创意

一个普通的标题，不会引起读者的注意，更不会产生共鸣。我们写文章标题，要注意保持标题的创意，有创意才有吸引力。但是切忌成为标题党，否则会适得其反，招来大片骂声。

直播间直播标题的写作规范

3.标题中出现吸引读者的词

标题就是一个门面，要多想办法吸引读者。吸引读者的眼球，是软文标题强大的威力。一般来说，引用一些吸引力较大的词，在一定程度上可以吸引读者。具有吸引力的常见词有免费、惊爆、秘密、秘籍等。关于具有吸引力的词还有很多，我们要在平常的软文写作中不断探索和总结。

如果实在想不到一个好标题，我们可以去一些论坛，分析一下比较火的帖子，看看那些帖子的标题到底是怎么写的。例如学习首届全国旅游公益广告（红色旅游主题）中的获奖作品，分析标题写作，北京广播电视台选送的《红色足迹懂初心》、广西南宁市广播电视台选送的《旅行给精神“补钙”》、四川泸州市广播电视台选送的《我要“红”》等。当然，写软文不只是写好标题，内容也是重中之重，标题和内容是相辅相成的。

活动实施

搜一搜 分析软文标题的要求。

步骤1：利用电子阅览室的网络选用合适的搜索引擎，如百度、搜狗等搜索有关软文标题，对照软文标题的要求，完成表4.2.1内容的填写。

表4.2.1 分析软文标题的要求

序　号	软文标题	最符合软文标题的要求		
		①标题不能太长	②标题要有创意	③标题中出现吸引读者的词
1				
2				
3				
4				
5				

步骤2：分组完成后，小组内部进行交流分享。

步骤3：完成后，在老师的指导下小组之间进行交流分享。

步骤4：在老师的指导下，各组选出大家认为收集得最好的一份表交给老师。

步骤5：老师对收集的软文标题进行点评，与学生一起对照软文标题的要求，详细分析软文标题。

活动评价

陈思豪及其小组成员通过活动，进一步熟悉了软文标题的要求，利用电子阅览室的网络，对照软文标题的要求，将收集的丰富多彩的软文标题进行分析，加深了对软文标题要求的了解。小组成员分析问题的能力得到了锻炼，同时巩固了知识点。

合作实训

实训名称：“软文标题赏析”大讨论。

实训背景：陈思豪他们对软文标题的要求有所了解，为撰写软文标题奠定了一定的基础，为了让班级里的同学进一步理解软文标题，共同营造分组讨论的活跃的课堂氛围，他们主动向老师提出策划一次“软文标题赏析”的大讨论。

实训目的：让更多人理解软文标题的要求，共同营造活跃课堂的氛围，为今后学习如何写作软文标题做好铺垫。

实训过程：

步骤1：先向专业老师提出活动申请，然后在专业老师的同意下，组建活动策划小组，投票选出胡柏群担任活动小组组长。

步骤2：胡柏群组织策划小组开会讨论，共同制订本次活动的方案。

步骤3：制订好活动宣传和实施计划。按照表4.2.2各自完成准备工作。

表4.2.2　活动任务分工表

序　号	工作任务	负责人	团队职位	时间/天	工作成果
1	制订活动实施计划	胡柏群	总负责	1	策划书
2	申请电子阅览室，保障网络畅通	陈思豪	后　勤	1	申请阅览室、网络
3	具体活动的实施及宣传	王星亮	策划、宣传	1	活动实施具体方案、宣传单

步骤4：大家分组在网上收集软文标题，胡柏群进行汇总。

步骤5：每小组任选五则标题，对照软文标题要求，进行分析讨论，写出分析结果。

步骤6：在老师的指导下，小组之间进行讨论、交流、分享。

步骤7：各组选出大家认为最精彩的软文标题2则，交给老师。

步骤8：老师对收集的软文标题进行赏析，与学生一起对照软文标题的要求，讨论软文标题。同时，大家加强记忆优秀的软文标题。

实训小结：通过本次“软文标题赏析”大讨论，同学们深刻理解了软文标题的要求，同时通过活动激发了大家讨论学习的兴趣。在讨论中，巩固和加深了软文标题要求的学习，自信展示自我的能力也得到了锻炼。活动结束后，各个团队还沉浸在热烈讨论的课堂气氛中，期待下次大讨论的活动。

任务3
写作软文标题

情境设计

陈思豪他们了解了软文标题的意义及标题的要求后，接下来他们要学习如何写作软文标题。在学校专业老师的指导下，陈思豪他们组成了学习小组，借助网络进行学习，了解软文标题的写作技巧，为撰写软文标题打下基础。

任务分解

陈思豪他们在专业老师的指导下，利用网络进行自主学习，通过学校图书馆的图书资源和电子阅览室学习软文标题写作技巧的相关知识。此外，他们还需要锻炼分析问题的能力，真正掌握软文标题的写作技巧

任务实施

活动 了解软文标题的写作技巧

活动背景

陈思豪他们需要对软文标题的写作进行学习，于是他们利用学校图书馆的图书资源和电子阅览室学习软文标题的写作技巧，然后通过小组活动分享和掌握相关知识点。

知识窗

高效率、高流量的软文需要一个好的标题，软文能否吸引人，能否被人们记住，能否流传得很广，标题起到了关键的作用。撰写软文标题的目的是使软文标题“醒目”，吸引消费者的注意，诱发他们读正文的兴趣。简而言之，标题写作有两个重点：第一，用最少的文字，表达出商品的优点和特色；第二，措辞生动，深入浅出，使人易读易记。另外，为了迅速产生好的构思，专家研究了7个思考方向，即给消费者以荣誉性、新闻性、优惠性、通俗性、好奇性、单纯性和忠告性。这些都是根据消费者的心理特征研究出来的。怎样才能写出好的标题？可以归纳出以下几个写作技巧。

1.以“利”诱人

与其他类型的文章不同，软文一般都是商家发布宣传产品、品牌的文章，所以一定要以“利”诱人，在标题中就直接指明利益点。如《小站长年收入10万不是梦——我的奋斗历程》（某网站培训软文标题）、《留下你的10块钱，也留下你的痔疮》（医疗软文标题）、《注册某网站会员，即送100元现金券》（某网上商城软文标题）。

2.以“新”馋人

人们总是对新鲜的人和事物感兴趣，这是人之常理，把握住这个特点，制造出具有新闻价值的软文，往往会引发巨大的轰动，特别是在网络传播的时候，可以获得更多的转载。这类新闻标题常用的词语包括：惊现、首度、领先、创新、终于、风生水起、暗流涌动等。如《我市惊现“日光盘”》（某楼盘的软文标题）、《终于，多功能车开始用安全诠释豪华》（某轿车软文标题）。

3.以“情”动人

人都是有感情的动物，亲情、友情、爱情，在这个世界上我们被“情”所包围着，所以借助这个特性，在写软文标题时抓住一个“情”字，用“情”来感动读者，写此标题的时候作者一定要投入自己的感情！如《19年的等待，一份让她泪流满面的礼物》（某礼品软文标题）、《为了这个网站，我和女朋友分手了》（某网站软文标题）、《没人能在深冬抗拒温柔的沉溺》（某羊绒品牌产品软文）。

4.以“事”感人

小时候，我们就喜欢听爸爸妈妈们讲故事。长大了，认识了汉语拼音和一些简单的字，我们

开始阅读故事。成年了，我们喜欢看《故事会》等故事性杂志!可见从小到大“故事”一直陪伴在我们身边。故事型标题容易感动人，吸引人阅读，如《那些年，我走过的弯路》(某招商手册的软文标题)、《歌可以单曲循环，青春只能播放一次》(某音乐平台音乐毕业季软文标题)。

5.以“悬”引人

当年电视剧《潜伏》播出时，收视火爆，为什么这部电视剧会受到众人关注，很大程度是因为一个接一个扣人心弦的剧情，因为你总猜不出下一集剧情会走向何方？写软文也是如此，从标题上就埋下伏笔，让读者因为惊讶、猜想而读正文。此类标题具有趣味性、启发性和制造悬念的特点，能引发正文作答。如《千里走单骑，这样的“摩托大军”为什么越来越少了？》(人民日报评论的软文标题)、《高端乳酸猪肉是忽悠吗？》(某食品的软文标题)。

6.以“密”迷人

和悬疑一样，大家最喜欢听到各种真相，人类的求知本能也让大家更喜欢探索未知的秘密。于是揭秘的标题往往能引发关注，如果大家留意中央电视台春节联欢晚会，会发现每年的魔术只要一结束，网上就会兴起揭秘潮，而相关的帖子也被炒得火热。这类标题常用的关键词：秘密、秘诀、真相、背后、绝招等。如《半个月瘦身10斤，秘密首次公开》(某减肥产品撰写的软文标题)、《×××热销的背后》(某化妆品的软文标题)、《小心被宰!低价做网站的惊天秘密》(某虚拟运营商的软文标题)。

7.以“险”吓人

恐吓式标题最早见于保健品软文中，通过恐吓的手法吸引读者对软文的关注，特别是有某种疾病的患者，看到相关软文后更能引发共鸣!后来，这种恐吓手法也开始转变，转为陈述某一事实，而这个提供的事实，能让别人意识到他从前的认识是错误的，或者产生一种危机感。如《天啊，骨质增生害死人!》(某保健品的软文标题)、《一生有三分之一的时间，是在床上度过的，为什么不选个好床垫呢？》(某床垫的软文标题)、《如果你不在乎钙和维生素，请继续喝这种豆浆》(某食品的软文标题)。

8.以“问”呼人

软文标题如何让读者感觉更亲近，最简单的方法莫过于打招呼，就如中国人见面就会问的一句话，“吃了吗？”显然，以对话、发问的形式，或者直呼其名的方式往往更能吸引读者的目光，甚至可能一些不是你发问的人群会因为好奇，也会关注这篇软文。如《××，××他们都来了，你呢？》(某活动的软文标题)、《还有谁想要雅思、托福学习资料？》(某培训机构的软文标题)、《1982年出生的人来聊聊》(某产品的软文标题)。

9.以“趣”绕人

一个好的软文标题，读者阅读后往往会过目不忘，这就得益于软文创作者所使用的语言。生动、幽默、诙谐的语言，可以将标题变得活泼俏皮，恰当地运用修辞手法和谐音的效果，可以令读者读后回味无穷，甚至乐意进行口碑传播。如《赶快下“斑”，不许“痘”留》(某祛痘化妆品软文标题)、《有“锂”讲得清》(某手机电池软文标题)、《不要脸的时代已经过去》(某润肤水软文标题)。

10.以“议”动人

建议性的标题是我们经常看的标题，特别是做促销活动的时候，这样带有鼓动性的标题更为多见。但是建议性的标题要想跳出常规，需要下一番苦功夫，可以从人们都有逆反心理着手，不让他干什么，这样读者往往都会想着干什么。如《千万不要为了当老板而去创业》（某招商软文标题）、《果珍建议：冬天要喝热果珍》（某饮品软文标题）。

11.借“名人”

名人的任何事情都是大众所关注的，无论是他们的工作、生活，还是兴趣，如果你所宣传的事物或者产品能和名人相关，借着名人的噱头，会吸引不少读者的眼球。如《赵雅芝年轻20岁的秘密》（某化妆品的软文标题）、《李冰冰最喜爱的几款包包》（某品牌包的软文标题）、《巩俐：欧莱雅，你值得拥有》（某化妆品的软文标题）。

12.借“牛人”

在信息化的社会里，除了名人外，各行各业都有一些公认的知识名人，借助这些知识名人和知名机构，从他们口中发出声音，来吸引大家的关注。如《一天收益上万元，创业牛人的生意经》（某招商机构的软文标题）、《PS大师某某告诉你怎么画一个西瓜》（某培训机构的软文标题），《PHP高手教你怎么隐藏文件》（某培训机构的软文标题）。

13.借“热点”

抓住社会上的热门事件、热门新闻，以此为软文标题创作源头，通过大众对社会热点的关注，来引导他们对软文的关注，提高软文的点击率和转载率，软文撰写者可以借助百度的搜索风云榜来关注最近的热门事件。这里的热点大到奥运会、世界杯、“神舟十三号”飞天，小到社会上的用工荒、母亲节的鲜花预订潮等。如《面对“用工荒”，企业如何借力电子商务》（某威客网的软文标题）、《节日鲜花预订火爆鲜花网》（某鲜花网的软文标题）。

14.借“流行”

在网络的世界里，每隔一段时间就有一些流行词汇出现，从前几年的“Hold住”“你懂的”到“伤不起”“100块钱都不给”，再到近年流行的网络用语“yyds”“绝绝子”，使用这些流行词汇，在一定程度上也能吸引读者的关注。如《彻底粉碎“疯狂的石头”》（某医疗软文标题）、《××××保湿产品，yyds》（某化妆品软文标题）。

15.借“文化”

借助诗词、成语典故、古汉语、谚语、歇后语、口语、行业内专业术语、外语和方言土语、人名地名、影视戏曲歌曲等来创作软文标题，提升软文的“文化涵养”，降低其广告味道！如《房价下跌百姓只问不买中介只求“非诚勿扰”》（某中介软文标题）。

巧用工具快速生成标题

《中华人民共和国广告法》第三条规定，广告应当真实、合法，以健康的表现形式表达广告内容，符合社会主义精神文明建设和弘扬中华优秀传统文化的要求。第四条规定，广告不得含有虚假或者引人误解的内容，不得欺骗、误导消费者。因此吸引流量和关注的标题能加速软文的网络传播，真实、合法，以健康的表现形式表达内容的软文才能最终获得消费者的信赖。

活动实施

找一找　收集软文标题写作技巧。

步骤1：打开IE浏览器，输入百度引擎地址，打开百度搜索页面。

步骤2：在搜索引擎文本框中输入“软文标题写作技巧”进行搜索。

步骤3：挑选你自己认为比较实用的软文标题写作技巧进行学习，将软文标题的写作技巧以及实例自行建立文档保存。

步骤4：小组成员汇总本组的收集成果。

步骤5：班级内部各小组共享软文标题写作技巧。

活动评价

陈思豪及其小组成员通过活动，进一步熟悉了软文标题的写作技巧，利用网络，收集各种软文标题的写作技巧并进行了分析，加深了对软文标题写作技巧的理解和掌握。小组成员的软文标题的写作能力得到了锻炼，同时增强了网络自学能力，体会到了分享的乐趣。

合作实训

实训名称：软文标题写作技巧集锦。

实训背景：陈思豪、胡柏群、王星亮3位同学通过对软文标题写作技巧的了解，对撰写软文标题有了较强的自信心，为了让班级里的同学进一步掌握软文标题的写作技巧，共同营造分组讨论的活跃的课堂氛围，他们主动向老师提出策划一次“软文标题写作技巧集锦”的活动。

实训目的：为了让班级里的同学进一步掌握软文标题的写作技巧，提高同学们学习软文标题写作的热情。

实训过程：

步骤1：先向专业老师提出活动申请，然后在专业老师的同意下，组建活动策划小组，胡柏群担任活动小组组长。

步骤2：胡柏群组织策划小组开会讨论，共同制订本次活动的方案，并建立班级学习微信群。

步骤3：大家分组在网上收集软文标题的写作技巧。

步骤4：各组选出大家认为最实用的两个软文标题写作技巧，交给老师。

步骤5：在老师的指导下小组之间进行讨论、交流、分享。

步骤6：胡柏群将全班同学上交的写作技巧进行汇总，整理成“软文标题写作技巧集锦”，上传到班级学习微信群里。

步骤7：大家在班级群自行下载文件，并加强学习实用的软文标题写作技巧。

实训小结：通过本次“软文标题写作技巧集锦”活动，同学们深刻理解和掌握了软文标题的写作技巧，同时通过活动激发了大家讨论学习的兴趣。在讨论中，巩固和加深了软文标题写作技巧的学习，自信展示自我的能力也得到了锻炼。活动结束后，大家因为分享知识而感到非常兴奋。

任务4
厘清软文标题的误区

情境设计

陈思豪他们为E电园节日促销撰写了软文标题，本来想通过此次机会，向企业证明自己的工作能力，提高工作业绩。然而，他们撰写的软文标题，并没有为企业促销带来理想的宣传效果，点击率和阅读量较低。在学校专业老师的指导下，陈思豪他们组成了学习小组，借助网络进行学习，了解软文标题的写作误区，为修改软文标题提供理论指导。

任务分解

陈思豪等几位同学，为了进一步修改E电园的节日促销软文标题，他们在专业老师的指导下，利用网络进行自主学习，通过利用学校图书馆的图书资源和电子阅览室学习软文标题写作的误区。此外，他们还需要认真分析目前写作软文标题过程中存在的问题，真正厘清软文标题的写作误区。

任务实施

活动　了解软文标题的写作误区

活动背景

陈思豪他们没有真正避开商务软文标题的写作误区，为了进一步修改E电园的节日促销软文标题，学校专业老师带领他们学习软文标题的写作误区，然后通过小组活动分享和掌握相关知识点，从而为修改软文标题积累理论知识。

知识窗

虽然企业都很重视软文宣传，但由于不少电子商务网站软文写手缺乏专业培训，导致软文标题的质量参差不齐。为了让软文标题起到画龙点睛的作用，我们要厘清软文标题的误区。

1.杜绝标题党

有不少人写软文时把标题写得长长的，想用标题的长度来吸引用户的眼球。但是在标题中废话连篇，让人看了半天也不知道说的是什么，这便是最为普遍的“标题党”现象。这样的标题看起来不伦不类，失去了其品位，另外从标题便可看出笔者的思路如何。

2.勿夸大其词

勿夸大其词，标题更应与文章价值符合，文章内容阐述道理小，标题却刻意夸大。对于夸大其词的标题，即使读者打开文章去读，也不会赢得太多的赞同，华而不实是最大的忌讳。这样的标题便是软文最大的败笔。

3.关键词不相关

关键词不相关，搜索引擎搜索不到想要传播的内容，大大降低了软文被阅读的概率。因此，我们在确定标题关键词时，一定要注意相关性。

4.关键词选择

关键词选择，是指关键词与网站实际所展示的内容有相关性。如果太笼统，无法给予浏览者正确的引导，这样会导致网站流量转化率极低。这主要是因为一部分优化人员在选择关键词时，往往只关注了网站的搜索量，而忘记了网站内容。这样就会导致虽然网站有很多流量，但是企业无法收到很好的订单。

百家号严惩标题党，这7类标题都会被打压

活动实施

想一想　软文标题的误区。

步骤1：打开IE浏览器，输入百度引擎地址，打开百度搜索页面。

步骤2：在搜索引擎文本框中输入“软文标题误区”进行搜索。

步骤3：挑选你自己认为出现标题误区的软文进行阅读、思考和分析，将软文标题的内容和误区整理出来（见表4.4.1），自行建立文档并保存。

表4.4.1　软文标题误区分析

序　号	软文标题	误区分析
1		
2		
3		

步骤4：小组成员总结写出本组的分析成果。

步骤5：班级内部各小组共享软文标题的误区。

活动评价

陈思豪及其小组成员通过活动厘清了软文标题的写作误区，利用网络，将收集的各种类型的软文标题写作误区进行了思考和分析，加深了对软文标题写作误区的理解和掌握。小组成员针对软文标题的写作误区，对照之前自己所写的软文标题，发现了不少问题，本次活动大家收获很多。

合作实训

实训名称：软文标题写作误区大诊断。

实训背景：陈思豪等3位同学通过对软文标题写作误区的了解，对修改软文标题有了较强的自信心。为了让班级里的同学有效避开软文标题的写作误区，提高大家撰写软文标题的水平，他们主动向老师提出策划一次“软文标题写作误区大诊断”的活动。

实训目的：为了让班级里的同学有效避开软文标题的写作误区，提高同学们撰写软文标题的水平。

实训过程：

步骤1：组建活动策划小组，胡柏群担任活动小组组长。

步骤2：胡柏群组织策划小组开会讨论，共同制订本次活动的方案。

步骤3：大家分组在网上收集5则容易存在误区的软文标题。

步骤4：对照软文标题的写作误区，针对收集到的软文标题，思考并讨论软文标题存在的问题，诊断其原因，形成诊断结果。

步骤5：班级内部各小组共同分析讨论软文标题的误区。

步骤6：各小组对照之前写的软文标题，进行诊断和修改，将修改的标题进行整理。

步骤7：胡柏群负责收集各小组诊断结果和修改后的标题，张贴展示在班级的黑板上。

实训小结：通过本次“软文标题写作误区大诊断”活动，同学们深刻理解和掌握了软文标题的写作误区，同时通过活动激发了大家讨论学习的兴趣。在讨论中，巩固和加深了对软文标题写作误区的理解，分析问题的能力也得到了锻炼。活动结束后，大家因为成功诊断软文标题写作存在的问题，感到非常有成就感。

项目总结

标题是商务软文的眼睛，起着提示和评价商务软文内容的作用，吸引读者阅读兴趣，所以好的标题会起到画龙点睛的效果。高效率、高流量软文需要一个好的标题。学生通过对本项目的学习，了解了软文标题的基本知识及写作，结合实践，加深了对软文标题的理解及知识积累，对他们将来从事商务软文写作或就业有着重要作用。如果他们能熟练掌握软文标题的撰写技巧并灵活变通，完全可以写出满足企业需求的优秀软文。

项目检测

1.单项选择题（每题只有一个正确答案，请将正确的答案填在括号中）

（1）《快看，他就是第90 000个M-Zone人!》（某电信公司软文标题）属于哪种软文标题类型？（　　）

A.夸大化标题　B.数字化标题　C.热点事件标题　D.疑问式标题

（2）《30岁的人60岁的心脏》（某保健品的软文标题）属于哪一种软文标题写作技巧？（　　）

A.以“险”吓人　B.以“利”诱人　C.借“牛人”　D.借“热点”

（3）属于夸大化标题的是（　　）。

A.《上万市民“夜袭”某家电卖场》　B.《一种新型直饮水器现身沈阳》

C.《藏在牙膏里的秘密》　D.《毕业生不忙就业忙炒股》

（4）某减肥产品撰写的软文标题《半个月瘦身10斤，秘密首次公开》属于哪一种软文标题写作技巧？（　　）

A.以“议”动人　B.以“险”吓人　C.以“利”诱人　D.以“密”迷人

（5）软文标题中出现惊爆、秘密的字眼，符合哪种标题要求？（　　）

A.标题不能太长　B.标题要有创意

C.标题中出现吸引读者的词　D.杜绝标题党

2.多项选择题（每题有两个或两个以上的正确答案，请将正确的答案填在括号中）

（1）下列属于以“情”动人的标题有（　　　　）。

A.《为了这个网站，我舍弃了一切》

B.《19年的等待，一份让她泪流满面的礼物》

C.《没人能在深冬抗拒温柔的沉溺》（某羊绒品牌产品软文）

D.《藏在牙膏里的不为人知的秘密》

（2）撰写软文标题的写作技巧有（　　　　）。

A.以“密”迷人　　B.借“牛人”　　C.以“利”诱人　　D.借“热点”

（3）软文标题的误区有（　　　　）。

A.标题富有创意　　B.标题太长　　C.关键词不相关　　D.夸大其词

（4）以下哪些软文标题富有创意？（　　　　）

A.《猫能救你的车吗？》

B.《双11预售狂欢，低至4.5折》

C.《对付上火、长痘怎能心太软》

D.再坚强的粗粮也有脆弱的时候（某粗粮饼干广告标题）

（5）下列属于以“趣”绕人的标题有（　　　　）。

A.《彻底粉碎“疯狂的石头”》　　B.《赶快下“斑”，不许“痘”留》

C.《不要脸的时代已经过去》　　D.《有“锂”讲得清》

3.判断题（正确的画“√”，错误的画“×”）

（1）富有创意的软文标题会吸引较多的阅读量。（　　）

（2）火王燃气炉的《意想不到，一部赛车开进了厨房》，借助生活中熟悉的场景想象，利用生动、幽默、诙谐的手法，令读者回味无穷。（　　）

（3）视力1+1眼睛营养液的《别让我一辈子“嫁”给它》，我是眼睛，它是眼镜。这则软文标题创意十足。（　　）

（4）《一个失眠女人的自述》，这是具有故事性的一则软文标题。（　　）

（5）《智能折叠手机抽奖进行时，你怎能Hold住》，运用的软文标题写作技巧是借“牛人”。（　　）

4.简述题

（1）撰写软文标题的写作技巧有哪些？

（2）厘清软文标题的误区有哪些？

5.案例分析题

“标题党”产业链

“震惊！”“速看！”“万分危急！”……网络推文盛行的当下，类似的“震惊体”标题满屏飞，特别是在一些老年人的朋友圈。近日，新华社记者跟踪一起制作“标题党”虚假推文的网络产业链案件，揭开了流量变现背后的“生意经”。某“信息技术”公司自3月份以来，在微信公众号上推送发布“标题党”推文1 300余篇，其中谣言文章600多篇，涉及国家政策、疫情防控工作，浏览量超500万，获利约30万元。

据报道，该“信息技术”公司在疫情期间炮制大量带有“封城”“戒严”噱头标题的推文营利，骇人标题甚至引发老年人抢购物资，造成一定范围的恐慌。经常上网的朋友对“标题党”并不陌生，近些年，随着网络清朗行动的持续推进和网民鉴别能力的逐渐提高，这类“语不惊人死不休”的“标题党”已成为阴沟的老鼠。可是，即便人人喊打，这些老鼠还是会不时跳出来“霍霍”一下人。

某些“信息技术”公司不搞高新技术，罔顾科技向善的理念，专门炮制“震惊体”来迷惑老年网友以求流量变现，这种行为不仅违背了法律，更是突破了底线。网络发展使越来越多的老年人进入网络世界，可他们很多不像年轻人那样能准确识别网上的种种陷阱，极易受到“震惊体”蛊惑。“震惊体”往往假冒权威来源，刻意迎合老年人阅读偏好，很容易让老年人信以为真，积极转发亲友群、朋友圈，使他们陷入各种焦虑，甚至恐慌。

网络时代，流量意味着收益，甚至有这么一个公式：“用户=流量=金钱”。但流量变现不能无底线，“唯流量论”不可取。铲除“标题党”生存空间，为老年人营造安全的网络环境，除了加大执法力度外，还应多措并举，比如行业自律、APP适老化改造等。“标题党”与网络谣言往往相伴相生，相关法律法规对此已有明确规范，违背法律的，必将遭受法律严惩。

（文章来源：财经头条）

阅读案例回答：

（1）通过文章案例，你觉得“标题党”的行为会造成什么危害?

（2）我们应该如何做才能避免成为“标题党”？

项目 5
揭秘软文写作内容及技巧

项目综述

信息技术背景下，随着新媒体的蓬勃兴起，电子商务发生了翻天覆地的变化，软文推广这种带有强烈广告性质、以实现产品销售和品牌建设为最终目的、建立在新媒体基础上的新型营销方式成为大部分企业营销推广的香饽饽。

陈思豪他们所在的实习单位准备售卖新冠肺炎疫情防控产品，公司要求他们写一篇软文，结合疫情防控推荐防疫产品。他们接到任务后，在电子商务专业教师的指导下进行学习，了解软文写作基础及结构形式，把握软文写作的关键点，熟悉、掌握商务软文写作的技巧，通过分析成功的商务软文案例，撰写出优秀的销售推广软文，体验工作带来的挑战和乐趣，获得职业满足感。

项目目标

通过本项目的学习，应达到的具体目标如下：

知识目标

◇初步认识软文写作基础

◇了解软文写作的关键点

◇掌握软文写作的技巧

◇了解软文炼成的方法

能力目标

◇熟练操作搜索引擎查找信息

◇能把握住软文写作的关键点

◇掌握一些软文写作技巧

◇能独立完成软文的撰写

◇初步具备赏析软文的能力

素质目标

◇培养学生自主探究学习新知识的能力

◇培养学生自主学习、协作学习的能力

◇培养学生的观察力、理解力

◇培养学生紧跟时事贴近热点获取信息、处理信息、应用信息的能力
◇培养学生的动手能力和分析、解决问题的能力

项目思维导图

揭秘软文写作内容及技巧
- 初识软文写作基础 —— 初识软文写作基础
- 把握软文写作的关键点 —— 把握软文写作的关键点
- 揭秘软文写作技巧 —— 揭秘十大软文写作技巧
- 体验软文炼成的方法 —— 体验软文炼成的方法

任务1 初识软文写作基础

情境设计

陈思豪等3位同学接到根据疫情热点推出推广防疫产品软文的任务。他们需要进一步学习软文的有关内容，了解软件写作方面的基础知识。为此陈思豪他们组成了学习小组，借助网络进行信息化学习，了解软文写作相关基础知识、软文写作的关键点、软文写作的技巧和方法，为撰写推广软文作准备。

任务分解

为了顺利完成企业交给的任务，写一篇具有较高质量的软文来宣传推介产品，陈思豪他们需要在专业老师的指导下，利用网络进行自主学习，通过网络搜索引擎搜索软文写作的相关知识，了解软文写作基础。此外，他们还通过任务活动培养自主学习的能力和对企业岗位的认知，通过团队合作培养团队精神，锻炼职业素养。

任务实施

活动 初识软文写作基础

活动背景

陈思豪他们对电子商务知识有初步了解，但是对电子商务领域中关于软文写作的专业知识并不熟悉。因此，学校专业老师带领他们先学习软文写作的基础知识——软文的写作要素及软

文内容的特点等知识，然后通过小组活动巩固相关知识点。

知识窗

1.软文岗位即写手

软文是一切与文字写作、策划、编辑有关，向目标顾客发布的文字信息，最终目的是塑造品牌形象或者是拓展销售渠道。美国一家零售广告公司的总裁朱迪斯·查尔斯这样定义软文岗位："软文岗位是写手，就是坐在键盘后面的销售人员。"

2.软文的作用

（1）提高用户的关注度，具有很强的广告效应。

（2）提高品牌的知名度，树立企业形象。

（3）传播作者的价值观，引导用户消费。

3.软文写作的基本要求

（1）了解受众对软文广告的接受程度，明确推广主题。

（2）要有新颖、富有创意的标题和销售推广文案。

（3）选择与文案相匹配的表现形式。

（4）根据受众的喜好选择不同的发布平台。

（5）要有较强的说服力。

4.软文写作的特点

（1）社会性

它是面向社会公众的，用来传递概念和意识、传播知识与观念、传达感情与发表见解。软文传播更加要注意传播正能量，弘扬社会主义核心价值观，避免出现不好的舆论导向。

（2）写作性

以沟通、交流、传播知识和信息为己任。

（3）灵活精准性

和其他写作需要相对固定的写作格式和样式不一样，软文写作注重宣事达理、抒发情感、传播信息，表现手法灵活多样。

（4）低成本性

新媒体时代，软文发布可选择的平台多、成本低、发布时间和对象灵活精准，更受自媒体和企业的青睐。

5.软文写作的3个要素

（1）标题

一个能抓住读者眼球的出色标题，在软文写作中占有重要地位。一般来说，读标题的人比读内文的人多四倍，因此，设计一个具有吸引力的标题至关重要。

（2）内容

写作之前，先在脑海里构思好文章大概的框架：开头、中间、结尾内容是什么，其间如何衔接。确定好主题主线，专注于内容的质量，文章要注重连续性和观赏性，要真实有价值，才能获得更深的认同感。

（3）切入点

一个好的切入点，更能引起消费者的注意，让你的内容更容易被读者认同。可以说，寻找切入点是软文核心中的核心。切入点的插入要自然，要与文章内容相关，否则会让人觉得虚假跑题了。

6.软文内容具备的3个特点和5个要素

软文写作内容很重要，有质量的内容是增加作者与读者黏性的必要条件，也是传达作者理念和软文营销效果最大化必须具备的基础，影响读者的忠诚度和后续回访。

（1）软文内容的3个特点

内容是软文的核心和灵魂，一篇好的软文具备3个特点：实用、创意和易懂。实用就是你写的文章对读者来说有价值、有用处，能够给读者带来帮助。文章不必追求辞藻的华丽，关键是能够给读者带来什么价值。创意就是文章新颖有亮点、思维与众不同，让读者眼前一亮，容易引起读者的好奇心和认同感。易懂就是文章不要写得太高深，让读者容易明白你写的意思就行了。

（2）软文内容的5个要素

软文内容要具备的5个要素：对谁说、说什么、如何说、何地说、何时说，即5W（Who, What, How, Where, When），优秀的软文内容5个要素缺一不可，如图5.1.1所示。

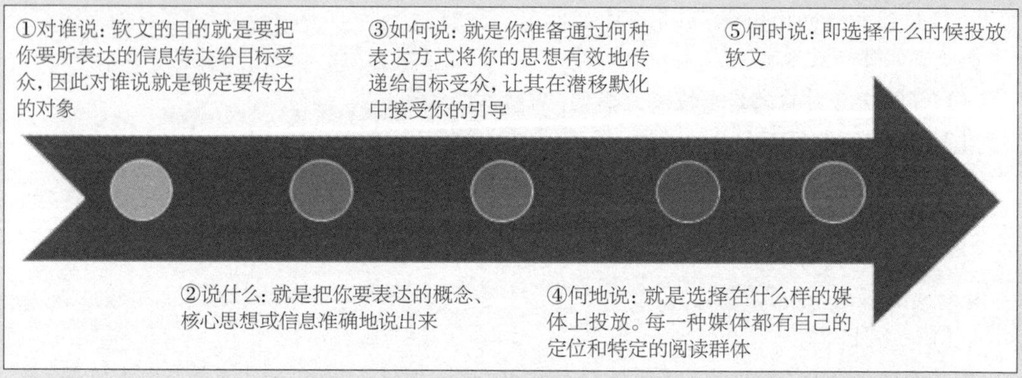

图5.1.1　软文内容5个要素

活动实施

搜一搜　了解软文写作的3个要素、软文内容的3个特点和软文内容5要素。

步骤1：学习小组利用网络选用合适的搜索引擎，如百度、UC等搜索有关软文的写作基础方面的内容，完成表5.1.1中内容的填写。

步骤2：在微信小程序上搜索制作思维导图工具。

步骤3：学习小组利用思维导图工具总结知识点并截图到微信学习群给老师远程点评，学生进一步了解相关知识点。

表5.1.1　活动任务内容描述表

项　目	内　容	选用的搜索引擎
软文写作的3个要素		
软文内容的3个特点		
软文内容的5个要素		
其　他		

活动评价

陈思豪及其小组成员通过活动，初步了解了软文的写作基础，利用互联网的学习，加深了对软文写作基础的了解。在学习过程中，小组成员学会了独立学习外，也尝试了合作带来的乐趣，培养了团队意识。

合作实训

实训名称：正能量软文大搜索。

实训背景：陈思豪等3位同学通过学习加深了对软文写作的学习，为带动同班同学一起培养对软文写作的兴趣，共同营造良好的学习软文写作的氛围，他们主动向老师提出策划一次“正能量软文大搜索”的分享比赛。

实训目的：共同营造良好的学习软文写作氛围，提升学习软文写作的兴趣。

实训过程：

步骤1：先向专业老师提出活动申请，组建活动策划小组。同时将班上同学分成若干小组，每4人左右一组，设小组长一名，见表5.1.2。

表5.1.2　任务分工表

角　色	任　务
组　长	协调小组成员，做好任务分工，组织调查活动
组　员	听从老师和组长指挥，按照分工开展工作
汇报人	从组员中选拔，做好总结汇报材料，在课堂上汇报

步骤2：活动任务明确后，各组同学分别开展工作。查阅资料，然后汇总。由组长组织策划，组员通过网络或者参考材料等搜集3篇正能量软文，完成表5.1.3内容的填写并进行分享。

表5.1.3　正能量软文搜索内容收集表

软文标题	内容简介	分享理由

步骤3：各小组汇总并总结所掌握的资料，制作PPT讲稿。

步骤4：按照小组顺序，每小组由汇报人汇报。

步骤5：教师点评。教师根据每组汇报，依次点评并评出名次。

实训小结：通过本次比赛活动，同学们了解了目前软文的传播力量，同时激发了大家学习软文写作的兴趣。同学们在活动过程中，巩固和加深了软文的学习，职业素养和道德情操方面也得到了提升。活动结束后，总结分析活动策划的得失，为今后团队工作打下良好基础。

任务2 把握软文写作的关键点

情境设计

陈思豪他们在学校专业老师的指导下学习了软文写作的基础，下一步需要把握软文写作的关键点。为此陈思豪他们组成了学习小组，借助网络进行信息化学习，了解软文写作的关键点，为撰写一篇软文来推介防疫产品这项任务作准备。

任务分解

为了顺利完成企业交给的任务，陈思豪他们需要在专业老师的指导下继续学习，通过网络搜索了解软文写作的关键点。此外，他们还需要通过学习来增强对企业岗位的认知，学习策划、宣传等方面的知识，锻炼职业素养。

任务实施

活动 把握软文写作的关键点

活动背景

陈思豪等3位同学对软文写作基础有了初步了解，下一步学校专业老师带领他们学习软文写作的关键点，然后通过小组活动巩固相关知识点。

知识窗

软文写作的关键点如图5.2.1所示。

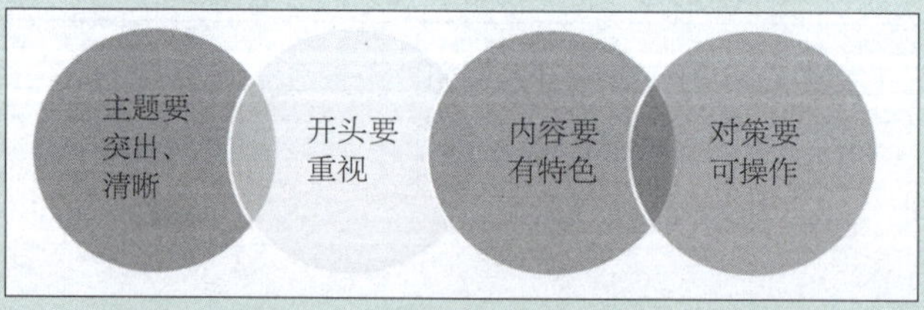

图5.2.1 软文写作的关键点

1.主题要突出、清晰

软文写作主题是第一位，技巧是第二位。文章不论长短，都要围绕一个中心，先厘清写作的主线。

写这篇软文是为了达到什么目的？商务软文的目的无非就是三种：品牌传播、提高销量、推广活动，搞清楚目的，想解决什么问题？问题的原因在哪里？重点、难点、焦点在哪里？如何去解决问题？有什么办法和措施？把这些问题都研究清楚了，文章的主题也就确立了，重点也就明确了。不管哪类文章，思路必须清晰，主旨必须单一，议题必须集中，观点必须鲜明。一定要紧扣主题，不让每段、每句、每个字游离主题，不管长短都要紧凑，绝不能拖泥带水。主题要鲜明，还要注重高质量，具有社会传播意义。

2.开头要重视

文章开头很重要，好文案离不开好开头。高尔基曾说：“写文章，开头第一句是最难的，好像音乐里的定调一样，往往要费好长时间才能找到它。”好的开篇事半功倍。

3.内容要有特色，要能引起目标客户的共鸣

软文的特色体现在内容之中，也体现在文字表达之中。有特色，从大的方面来讲，要适时、应景、对路；从小的方面来讲，就是要见什么人说什么话，最好一事一议，写文章的角度选择要越小越好，越深入越具体就越有特色；从细微的方面来讲，要有行文特色，层次逻辑要严谨要清晰。好的软文，内容上要特色鲜明、亮点纷呈，表达上要自然生动、引人入胜。好的软文，在内容上要能引起目标客户的共鸣，才能达到口碑相传的效果。

4.软文要注重社会效果，尽量挖掘新闻性

要挖掘新闻性，写者需要具备营销知识，还要对新闻具有相当的敏感性，借助热点新闻提升传播性，容易吸引人，要注重突出细节、现场感，虚实结合。要注重新闻的价值，传播具有价值的正能量新闻。

5.对策要可操作

软文写作不同于文学作品创作，不能天马行空、随心所欲，不能想怎么写就怎么写。能给人以启发、帮助、指导的文章才是好软文。软文中涉及的内容，要讲究事实清楚、理由充分、论述有据，而且必须强调可操作性。比如，如果是营销软文，要先了解商家的需求，了解目标顾客的需求，进行市场调研分析这样写出来的软文才能更加具有偏向性、可操作性。

当然，在软文中加入一段哲理，讲两句道理或寓言，或者举一个引人思索的短小例子，常有画龙点睛之效，山高水长，令人回味。如“记者语：网站即工具!哪怕再小型的网站，也要寻找其特有的方向，螺丝刀虽小，可它也是一个独有的工具，你却常常离不开它”。

活动实施

搜一搜　提炼软文写作的关键点。

步骤1：搜索一篇推广软文，提炼关键点等要素，完成表5.2.1。

表5.2.1　软文写作关键点收集表

关键点	案例标题	推广哪种新产品
主题突出、清晰		
重视开头（好的开头）		
内容有特色、有共鸣		
重视社会效果、有新闻性		
对策可操作		

步骤2：成立学习小组，3～5人一组，大家对搜索到的内容进行交流学习。

步骤3：每个小组推荐一份优秀材料交给老师，老师加以点评，加深学生对软文写作关键点的把握。

活动评价

通过活动和学习，加深对软文写作关键点的掌握。在学习过程中，小组成员学会了独立学习，也尝试了合作带来的乐趣，培养了团队意识。

合作实训

实训名称：提炼好文关键点。

实训背景：陈思豪等3位同学通过对软文写作的关键点的学习，对软文写作知识产生了兴趣，为了探究软文写作的奥妙，他们决定建立“好文分享群”。

实训目的：让同学们更好地理解软文写作的关键点，大家合作学习共同探究软文的奥妙之处。

实训过程：

步骤1：陈思豪负责利用微信建立“好文分享群”，并邀请专业老师加入。

步骤2：胡柏群负责发动班级同学注册微信账号，邀请他们加入“好文分享群”。

步骤3：王星亮负责把同学分组，每组3～5人，共5组。

步骤4：王星亮把表5.2.2共享在微信群里，组织同学按要求利用网络搜索相关软文，把内容填写在表5.2.2中，并把“好文”上传到微信群里共享。

表5.2.2 活动要求描述表

组　别	好文标题	关键点点评要点	点评关键点
第一组		主题突出、清晰	
第二组		重视开头（好的开头）	
第三组		内容有特色、有共鸣	
第四组		重视社会效果、有新闻性	
第五组		对策可操作	

步骤5：陈思豪组织同学们在微信群对任务进行总结，哪些同学是按要求提交软文，哪些软文更能精彩地反映关键点，一一对关键点提炼并在表格中呈现。

步骤6：胡柏群、王星亮组织同学推荐3篇最能突出关键点、对宣传产品最有效的软文。

步骤7：教师群内点评。教师对学生推荐出来的3篇“好文”进行点评，并及时解答学生提出的问题。

实训小结：本次实训通过自行寻找好的软文并对软文写作的关键点进行提炼，提高了对软文写作的认知，对如何写好软文的关键点更加清晰了，同时通过活动激发了大家学习软文写作的兴趣。活动结束后，胡柏群带领同学们总结反思，内化提升，为以后组织学习活动积累经验。

任务3
揭秘软文写作技巧

情境设计

陈思豪他们在完成软文写作的关键点学习后，下一步需要学习主题软文写作技巧。因此，陈思豪等同学借助网络进行信息化学习，通过小组学习，交流、讨论不同主题软文写作的技巧，为撰写一篇软文来推介防疫产品这项任务作准备。

任务分解

为了顺利完成企业交给的任务，写一篇具有较高质量的软文来宣传推介产品，陈思豪他们需要在专业老师的指导下，利用信息化手段加深对主题软文写作技巧的理解与掌握。此外，他们还通过小组学习、讨论，培养同学间团结协作的精神，增加对企业岗位的认知，培养职业素养。

任务实施

活动　揭秘十大软文写作技巧

活动背景

陈思豪等同学对软文写作和关键点注意事项有了初步了解，但是对电子商务领域中如何能快捷、高效地写出一篇优秀软文还不是很熟悉，不知道该如何选择内容题材，无从下笔。因此，学校专业老师带领他们学习搜集软文写作的常见内容题材，有的放矢，然后通小组活动巩固相关知识点。

知识窗

软文写作的技巧

软文写作时要根据目标受众的需求和喜好确定内容，才能有的放矢，精准投放。下面介绍软文推广必须掌握的常见内容主题。

(1)软文写作技巧一：十大软文

十大软文是以“十大”为标题和主要内容的软文形式。十大软文是消费者比较关心、搜索量比较高的词，如“某十大品牌”。写作十大品牌，要注重收集行业信息，为网友提供真正有价值的内容。

(2)软文写作技巧二：实验室软文(或称科普软文)

实验室软文是以实验研究或者调查的名义进行软文写作，比如标题中可以出现“研究发现”“市场调查”等，实验室软文可以通过将最新科研信息结合受众和产品诉求来写，以提高软文的权威性。比如各大医院或医生团队的科普软文，消费者基于医生团队的权威性而产生信任感，从而转化成黏性高的忠诚客户。

(3) 软文写作技巧三：学术软文

学术软文是指从行业学者的角度表达某种观点，比如你对行业发展的观点等。学术软文能起到很好的传播效果，引发媒体自发性地转载，达到广泛的品牌传播的目的。要写好学术软文需要平时多关注行业，要求有较高的学识，对事件有独到的见解。

(4) 软文写作技巧四：内幕软文

内幕软文是以揭秘的方式讲述某件事情，如“揭秘某某”中包含品牌或产品信息，达到传播品牌的目的。内幕软文写作技巧在于抓住受众的好奇心，吸引点击，从而提高阅读率，但要注意标题与内容主题要一致。

(5) 软文写作技巧五：生活方式软文

很多品牌都有自己的文化主张，生活方式软文是以围绕生活方式写作的软文，将品牌或产品信息融合到生活方式中。生活方式软文写作不是推销产品，而是倡导一种生活方式，在这种生活方式中体现出产品的价值。生活方式软文更能打动人，更能体现出产品的价值。

(6) 软文写作技巧六：专题软文

专题软文就某一产品或者某一事件做成系列的软文报道，它能多角度、多方面表现产品或者品牌。专题软文写作技巧要事先策划好提纲，按节奏、多方面策划软文。

(7) 软文写作技巧七：节日软文

节日软文是最普遍的软文，将产品或品牌信息结合重要节日进行传播，如“世界地球日”“母亲节”等。节日软文能针对特定关键词进行推广，对丰富品牌信息有很大的帮助。节日软文写作技巧在于把握节日的意义，将产品所带来的价值与节日的意义相结合，策划出结合点。

(8) 软文写作技巧八：采访软文

采访软文是以记者的角度采访当事人，以采访或转述的方式，更加真实地报道产品或品牌。采访软文写作以平实的口述语言，以当事人的口吻更容易获得信任。如新冠肺炎疫情期间，著名中国工程院院士、呼吸病学专家、共和国勋章获得者钟南山院士因其精湛医术、坚强斗志和对疫情防控的权威性吸引了各大新闻媒体争先采访，给普通民众普及防疫知识，带来战疫的坚定信心。

(9) 软文写作技巧九：促销软文

促销软文一般针对促销活动前期的预热，能够让人产生购买意向。促销软文写作一般采用简洁明快的语句，以多层递进的形式，表达促销的力度，同时还要写明购买的紧迫性。如“499元一个马桶的价格已经让人惊奇，而放出这一消息的竟然还是卫浴十大品牌某某卫浴，更让人不可思议的是，499元马桶还没有任何购买附加条件”。

(10) 软文写作技巧十：用户见证软文

用户见证软文是从产品使用者的角度介绍产品使用情况，因为是真实的用户体验，所以产品更有说服力。这类软文写作最好以真实的用户体验为基础，如果没有也最好亲身体验一下产品以增强信任感。

活动实施

知识查找与讨论 软文写作的技巧。

步骤1：利用网络选用合适的搜索引擎，如百度等搜索软文案例。

步骤2：提炼归纳写作内容素材，完成表5.3.1内容的填写。

表5.3.1 软文写作技巧的描述

项 目	软文案例（标题）	内容题材提炼
软文写作技巧一		
软文写作技巧二		
软文写作技巧三		
软文写作技巧四		
软文写作技巧五		
软文写作技巧六		
软文写作技巧七		
软文写作技巧八		
软文写作技巧九		
软文写作技巧十		

活动评价

陈思豪及其小组成员通过活动和学习不断提高软文的写作水平。在学习过程中，小组成员学会了独立学习，也感受到了合作带来的乐趣，培养了团队意识，提升了自身的数字素养。

合作实训

实训名称：软文写作技巧知识大探讨。

实训背景：陈思豪等3位同学对软文写作技巧方面的知识有了初步了解，为加深对软文写作技巧的理解及了解更多的写作技巧，同时带动班级同学共同学习，他们向老师提出策划一次软文写作技巧知识大探讨。

实训目的：让更多人喜欢软文写作并更好地掌握软文写作技巧，共同营造良好的学习软文写作氛围，为今后学习就业打下基础。

实训过程：

步骤1：将班上同学分成若干小组，每5人一组，设组长一名，见表5.3.2。

表5.3.2　任务分工表

角　色	任　务
组　长	协调小组成员，做好任务分工，组织调查活动
组　员	听从老师和组长指挥，按照分工开展工作
报告人	从组员中选拔，做好总结汇报材料，在课堂上汇报

步骤2：活动任务明确后，各组同学分别开展工作。查阅资料，然后汇总。由组长牵头，布置分工，通过网络或者学习参考资料等查找软文写作技巧相关知识，并记录在表5.3.3中。

表5.3.3　软文写作技巧的描述

项　目	内　容	此类软文案例标题
软文写作技巧一		
软文写作技巧二		
软文写作技巧三		
软文写作技巧四		
软文写作技巧五		
软文写作技巧六		
软文写作技巧七		
软文写作技巧八		
软文写作技巧九		
软文写作技巧十		

步骤3：小组总结。各小组汇总并总结所掌握的资料，制作PPT讲稿。

步骤4：大探讨。各小组按照顺序，选定发言人依次报告小组掌握的信息和知识点并进行阐述，其他组的同学对知识点的表述进行讨论。

步骤5：教师对每个知识点进行总结性表述，并对各组同学收集的知识点进行点评。

步骤6：组织同学投票评价，一人一票，除自己的组外，手中的票可以投给任何一个自己认为优秀的组。

步骤7：教师点评宣布优秀组，并进行学业加分。

实训小结：通过本次大探讨活动，大家加深了对软文写作技巧的理解与掌握，掌握了更多的软文写作技巧。学生通过活动进行学习，巩固和加深了软文写作基础知识的学习，锻炼了自主学习的能力。活动结束后，总结分析活动积累经验，为今后团队的工作打下良好基础。

任务4
体验软文炼成的方法

情境设计

陈思豪等同学继续深入学习软文炼成的方法，他们借助网络进行信息化学习，通过小组学习、交流讨论并通过对范例软文的学习掌握软文炼成的方法，不断提高软文写作水平，为撰写软文来推介防疫产品作准备。

任务分解

为了顺利完成企业交给的任务，写一篇具有较高质量的软文来宣传推介防疫产品和科普抗疫知识，宣扬抗疫精神，陈思豪等同学在专业老师的指导下，通过学习软文范例及利用信息化手段学习软文炼成的方法，尝试完成推广软文写作的任务。

任务实施

活动　体验软文炼成的方法

活动背景

陈思豪等同学了解了软文写作的基础知识和写作技巧等，在学校专业老师带领下，尝试自己动手撰写软文并与同学们分享，不断提高软文写作水平。

知识窗

内容是软文的核心、灵魂。内容要实用、创意、易懂。文章写作从标题、开头、布局、结尾四个方面铺开。标题在前面章节已经学过，不再赘述。

1.开头

文案的开头跟标题一样重要，好的开头就是"凤头"，起到点题的作用。

（1）痛点先行，情景导入

文章开头先写出结论，一般指出用户或读者面对的痛点问题，总结文章要点，说明整篇文章的主旨，再层层展开叙述，这种模式也叫倒金字塔式。再结合情景导入，营造主题所需的氛围、情境，更好地激起读者的情感共鸣。

（2）比喻修辞

多用比喻、排比、夸张、设问、反问等修辞手法来写文章的开头，增强文章的趣味性和可读性。

（3）联想猜测，设置悬念

设置悬念能够更好地吸引用户的注意力，引起读者的好奇心，常见的有提出疑问制造悬念，一般公众号和自媒体用得比较多。

（4）讲故事

用户喜欢听故事，用故事引出文章的主题更容易吸引用户的注意力。

2.内容炼写

内容是软文的核心，也是软文营销价值和写作目标集中体现的地方。优质的软文，一定是有价值的，并能解决用户的问题。软文内容的写作要紧紧围绕标题开展，利用通俗易懂的语言简洁表述作者的思想，传递产品的价值和起到宣传的目的。

正文内容布局主旨是通顺、过渡自然，文章布局，就是把文章的素材、文字、标点按照软文的目的进行排列组合，使用户有读下去的欲望，常见的布局有5种：总分总、悬念、抑扬式、片段组合式、层层递进。

（1）总分总式

开篇点题，正文围绕中心思想分成几点进行讨论叙述，横向拓展出观点来印证中心思想，结论总结引申。

（2）悬念法

开头设置一个悬念，不做解答，读者层层递进地寻求疑惑答案，最终疑惑被解答。整个过程中，读者的思路跟着作者的解疑过程，跌宕起伏。

（3）抑扬式

先抑后扬或先扬后抑，前后反差。写作过程中有更大的发挥空间，情节多变，形成对比，看到开头，猜不到结尾，使文章充满读下去的魅力。

（4）片段组合式

几个典型生动的片段，有机组合，共同烘托一个主题。

（5）层层递进

递进式软文适合逻辑性较强的文章，有逻辑严谨、思维缜密的优点。从现象到本质，层层递进、层层折扣，从现象到本质、从事实到道理；从是什么到为什么。很多医学科普类的文章就很适合这种方式。

3.创作炼写

写作要注意知识版权的问题，原创的内容最容易被人喜欢和转载，能更好地增加读者的信任，产生更长更宽的裂变，实现更多的变现。

4.创新炼写

一篇好的软文不仅要标题亮、内容精，还要创新，不能老调重弹，更加要紧贴时事热点，增强时事热点的黏性。因此，好的软文所要表达的一定是新的大家感兴趣的内容。

5.软性广告植入炼写

软文写作更多的是一种软性广告的植入，作者通过一定思想理念的引导，建构受众现实生活或理想情境的一部分，将商品或服务信息以非广告的表现方法，在受众无意识的情态下，春风化雨润物细无声地灌输给受众，让受众在阅读后会心一笑，了解文章所传播的内容并产生共鸣，信任并喜欢上软文中推荐的产品从而达到营销的目的。

6.积极互动，扩大影响力

信息化自媒体时代，在各大自媒体平台发布软文，都要注意了解受众喜好，积极和读者互动，产生新的关注和转发，进而实现软文宣传的目的。

7.结尾炼写

做任何事情不能虎头蛇尾，软文也一定要有好的收尾，常见收尾方式有2种：点题、总结。

（1）点题

在文章最后，用一句话或者一段简短的话明确文章的主旨，帮助读者理解整篇文章的主旨思想，留下深刻的印象。

(2)总结

点出文章开头的观点，结尾回到开头的话题当中，首尾呼应使文章的结构更完整。

活动实施

议一议　软文案例赏析。

为什么不该用双黄连预防新型冠状病毒？

1月31日晚，有新闻称：双黄连可抑制新型冠状病毒（见图5.4.1）。

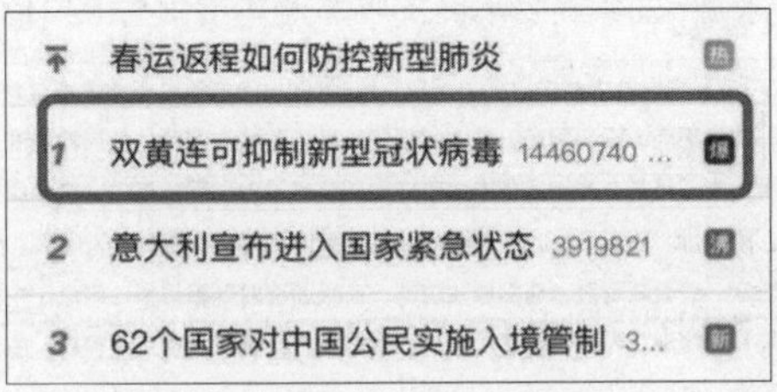

图5.4.1　“双黄莲可抑制新型冠状病毒”阅读量的热度排名

这消息一出，网友疯狂抢购，双黄连口服液也很快卖断货。

究竟吃双黄连口服液能不能预防新型冠状病毒？

一、“抑制”不是“预防”

什么叫“抑制”？

“抑制”是：通过药物来控制病毒复制的各个环节，以达到控制病情的效果。

你要是身体里没有病毒，就没有东西可以被“抑制”；

如果身体里有病毒可以被“抑制”，那就证明：你已经被感染了。

都感染了，你还“预防”什么？

总不能去“抑制”一个不存在的东西吧……

二、所谓的“可抑制病毒”缺乏临床研究数据

想要证明一种药物真实有效，至少要这几步：

步骤1：动物实验。

步骤2：一期临床试验。

步骤3：二期临床试验。

步骤4：三期临床试验。

一般来说，完成前两步，才能证明“安全”；完成后两步，才能证明“有效”。

在今天新闻的最后，有这样一句话：

“目前，双黄连口服液已在上海公共卫生临床中心、华中科技大学附属同济医院开展临床研究。”

开始敲黑板了，请问现在是“第几步”？

答案是：开始做临床试验。

目前，没有足够的公开数据能证明它在人体中“可抑制新型冠状病毒”。

三、双黄连过去有大量的不良反应证据

有人说：不管那么多，吃了总比不吃好，万一有用呢？

但你有没有想过：万一有害呢？

2013—2014年国家药品不良反应监测年度报告显示，双黄连合剂（口服液、颗粒、胶囊、片）在中成药口服制剂中不良反应中名列前茅（见图5.4.2）。

2013年全国药品不良反应监测网络共收到国家基本药物的不良反应/事件报告53.0万例，其中严重报告2.6万例，占4.9%。

国家基本药物不良反应/事件报告中，化学药品和生物制品报告数量排名前五位的均为抗微生物药，分别是左氧氟沙星、头孢曲松、头孢呋辛、青霉素和头孢唑林。中成药注射剂排名前五位的品种分别是：清开灵注射液、参麦注射液、血塞通注射液、注射用血塞通（冻干）和丹参注射液；中成药口服制剂排名前五位的品种分别是：鼻炎康片、双黄连合剂（口服液、颗粒、胶囊、片）、复方丹参片（颗粒、胶囊、滴丸）、六味地黄丸（颗粒、胶囊）和黄连上清丸（颗粒、胶囊、片）。

图片来源：国家药品不良反应监测年度报告（2013年）

2014年国家基本药物中成药部分六大类中，药品不良反应/事件报告总数由多到少依次为内科用药、骨伤科用药、妇科用药、耳鼻喉科用药、外科用药、眼科用药。其中内科用药报告总数占到总体报告数量的85.4%，内科用药占比较大可能与内科用药临床使用量大，且基本药物目录中中药注射剂都属于内科用药有关。内科用药中排名前五位的分别是祛瘀剂、温理剂、开窍剂、清热剂、解表剂，此五类药品报告占到内科用药报告数的76.5%。中成药注射剂排名前五位的品种分别是：清开灵注射液、参麦注射液、血塞通注射剂、血栓通注射剂和丹参注射液；中成药口服制剂排名前五位的品种分别是：双黄连合剂（口服液、颗粒、胶囊、片）、鼻炎康片、复方丹参片（颗粒、胶囊、滴丸）、活血止痛散（胶囊）、清开灵颗粒（胶囊、片）。

图片来源：国家药品不良反应监测年度报告（2014年）

图5.4.2　国家药品不良反应监测年度报告

双黄连口服液的药品说明书记载：“不良反应”主要是皮肤瘙痒、皮疹等过敏反应，或者是恶心、呕吐、腹痛、腹泻等轻微胃肠道反应（见图5.4.3）。

OTC
甲类

双黄连口服液说明书

请仔细阅读说明书并按说明使用或在药师指导下购买和使用

【药品名称】
通用名称：双黄连口服液
汉语拼音：Shuanghuanglian Koufuye
【成　　份】金银花、黄芩、连翘。辅料为蔗糖、香精、纯化水。
【性　　状】本品为棕红色的澄清液体；味甜，微苦。
【功能主治】疏风解表，清热解毒。用于外感风热所致的感冒，症见发热、咳嗽、咽痛。
【规　　格】每支装10毫升（每1毫升相当于饮片1.5克）
【用法用量】口服，一次20毫升，一日3次；小儿酌减或遵医嘱
【不良反应】据文献报道，双黄连口服液的不良反应有服药第2天上呼吸道感染症状减轻，但全身皮肤瘙痒，出现皮疹；又有报道，服双黄连口服液出现全身瘙痒和大小不等斑丘疹。
【禁　　忌】尚不明确。
【注意事项】
1. 忌烟、酒及辛辣、生冷、油腻食物。
2. 不宜在服药期间同时服用滋补性中药。
3. 风寒感冒者不适用。
4. 糖尿病患者及有高血压、心脏病、肝病、肾病等慢性病严重者应在医师指导下服用。
5. 儿童、孕妇、哺乳期妇女、年老体弱及脾虚便溏者应在医师指导下服用。
6. 发热体温超过38.5℃的患者，应去医院就诊。
7. 服药3天症状无缓解，应去医院就诊。
8. 对本品过敏者禁用，过敏体质者慎用。
9. 本品性状发生改变时禁止使用。
10. 儿童必须在成人监护下使用。
11. 请将本品放在儿童不能接触的地方。
12. 如正在使用其他药品，使用本品前请咨询医师或药师。
【药物相互作用】如与其他药物同时使用可能会发生药物相互作用，详情请咨询医师或药师。

图5.4.3　双黄口服液说明书

从目前的疫情趋势来看，想靠吃双黄连预防病毒？连吃一个月？做好准备一个月瘙痒难耐、上吐下泻了吗？

回头看看双黄连的广告词："您勤洗手，您多通风，人多别去凑热闹。家中常备双黄连，流感季节别感冒"。

去掉这句话中的其中七个字，也是有可取之处的。

步骤1：认真阅读软文内容，并感受该软文层层递进严谨的写作技巧。

步骤2：挑选你自己认为比较精彩的3则软文案例进行阅读，把软文内容摘取下来，收集填入表5.4.1中。

表5.4.1 软文案例列表

序号	软文文案标题	内容	尝试重新拟写软文标题	尝试提炼软文中心思想	尝试分析本文如何植入广告
1					
2					
3					

步骤3：完成后，在老师的组织下分组进行相互交流讨论，议一议。

步骤4：在老师的指导下，每组推荐1则最好的软文案例列表交给老师。

步骤5：老师根据列表内容，与学生一起赏析、点评软文案例。

活动评价

陈思豪及其小组成员通过活动，初步了解了高质量软文是如何炼成的，不断理解软文写作的本质。在学习过程中，小组成员学会了独立学习，也尝试了合作带来的乐趣，培养了团队意识。

合作实训

实训名称：软文写作分享。

实训背景：陈思豪等同学通过对软文的初步学习及对软文写作技巧的运用实训，具备了一定的软文写作能力。为在班级里掀起一股写软文的热潮，共同营造良好的学习软文写作的氛围，他们尝试接受新的更高难度的挑战：策划拍摄一段"我为大白唱赞歌"短视频、视频配上文案并让同学转发给家人分享的活动。

实训目的：让更多人喜欢软文写作，共同营造良好的学习软文写作氛围，为今后学习、就业打下基础。

实训过程：

步骤1：将班上同学分成若干小组，每6人左右一组，设小组长一名，见表5.4.2。

表5.4.2 任务分工表

角色	任务
组长	协调小组成员，做好任务分工，组织调查活动
组员	听从老师和组长指挥，按照分工开展工作
报告人	从组员中选拔，做好总结汇报材料，在课堂上汇报

步骤2: 活动任务明确后，各组同学分别开展工作。每人结合相关要求写好文案。

步骤3: 小组讨论并推荐。小组内同学对各同学写的文案进行比较分析，推荐1~2篇优秀文案作为小组示范软文进行介绍。

步骤4: 软文作品展示。各小组按顺序选定1~2人依次展示自己的短视频和文案并解读文案创作思路

步骤5: 教师对每个同学分享的短视频文案进行总结点评，鼓励肯定进行分享展示的同学，并要求其他同学多借鉴这些同学的创作思路及亮点，撰写出更优秀的作品。

实训小结: 通过本次短视频文案创作分享活动，全体同学加深了对软文写作的理解与掌握，提高了对软文写作的认知，同时通过活动激发点燃了大家学习软文写作的兴趣。同学们在活动过程中，巩固和加深了软文写作的学习，在热爱家人、热爱家庭、学会爱表达爱方面受到很大的触动和共鸣。

项目总结

揭秘软文写作内容及技巧，是软文写作的重要章节，也是写作的基础。软文传播性价比高，信任度强，客户容易接受，容易传播，作为电子商务的学生要学习结合各新媒体平台写好软文，为企业品牌产品的传播和销售添砖加瓦。优质的软文，一定是有价值的。好的软文能提供价值，能解决用户需求，能帮企业宣传品牌。通过本项目的学习，学生了解软文写作的基础知识，掌握软文写作的关键点及技巧，了解如何炼成一篇优秀软文。通过项目实践，培养了学习软文的兴趣，为继续深入学习软文的其他知识奠定了重要基础。

项目检测

1.单项选择题（每题只有一个正确答案，请将正确的答案填在括号中）

（1）软文特点具有显著的社会性、写作性、（　　）、低成本等特征。

A.发散性　　B.灵活精准性　　C.创新性　　D.逻辑性

（2）软文的核心、灵魂是（　　）。

A.标题　　B.内容　　C.说服力　　D.切入点

（3）软文写作5个要素中最重要的一个环节是（　　）。

A.对谁说　　B.说什么　　C.如何说　　D.何地说　　E.何时说

（4）软文写作第一位是（　　）。

A.主题　　B.技巧　　C.标题　　D.内容

（5）写作以"十大"为标题和主要内容的软文时把要传播的品牌安排在（　　）。

A.开头处　　B.第二、三的位置　　C.中间位置　　D.结尾处

2.多项选择题（每题有两个或两个以上的正确答案，请将正确的答案填在括号中）

（1）软文写作的特点包括（　　）。

A.社会性　　B.多样性　　C.写作性　　D.灵活性

（2）软文写作的3个要素包括（　　）。

A.标题　　B.内容　　C.切入点　　D.形式

(3) 软文内容的3个特点是（　　　　）。

A.实用　　B.创意　　C.格式　　D.易懂

(4) 软文写作时要根据（　　　　）确定内容。

A.人际关系　　B.目标受众的喜好　　C.目标受众的需求　　D.上下级关系

(5) 文章写作从（　　　　）四个方面铺开写作技巧

A.标题　　B.开头　　C.布局　　D.行距　　E.结尾

3.判断题（正确的画“√”，错误的画“×”）

(1) 很多医学科普类的文章就很适合层层递进这种撰写方式。（　　）

(2) 软文写作的核心是说服力。（　　）

(3) 创意就是文章比较新颖、让读者眼前一亮，这样容易引起读者的好奇心。（　　）

(4) 软文写作技巧是第一位，主题是第二位。（　　）

(5) 优质的软文，一定是有价值的，并能解决用户的问题的。（　　）

(6) 好的软文，内容上要特点鲜明、亮点纷呈，表达上要自然生动、引人入胜。（　　）

(7) 软文要软硬结合，实在可行。（　　）

(8) 发布软文广告是企业的需求，但写作软文广告时首先要考虑读者的需求。（　　）

(9) 多数企业的企划创作人员都精通新闻写作。（　　）

(10) 内幕软文是以揭秘的方式讲述某件事情，内容可以跟标题不相符。（　　）

4.简述题

(1) 软文内容的5个要素有哪些？

(2) 软文写作的基本要求有哪些？

(3) 软文内容的3个特点有哪些？

(4) 简单表述软文十大写作技巧。

5.案例分析题

什么是文化？这是我听过的最好的答案

读很多的书，拥有很多的知识，跟有没有文化，完全是两码事。

关于什么是文化，我最最欣赏的回答，是作家梁晓声的四句概括：

根植于内心的修养，

无需提醒的自觉，

以约束为前提的自由，

为别人着想的善良。

01

一位名叫“Judy”的空姐，在微博上讲了一件关于刘诗诗的趣事。因为是空姐，在飞机上服务，Judy常会遇见各种大咖和明星。

但这些大咖和明星都没给她留下深刻印象。直到前几天，她遇见了刘诗诗。那一天，刘诗诗坐的是头等舱。飞机落地后，Judy去整理头等舱时，赫然发现刘诗诗座位上的被子竟然叠得整整齐齐。

Judy一下就被电到了：“以前头等舱的客人都是把被子团成一团，扔在脚底下就走了，没想到诗诗竟会叠放整齐，我好感动。”

坐头等舱的人，一般都是很有身份的人，但是你看，叠被子的人却这般少，偶尔有一个，空姐就会感动半天。

02

“五一”节陪妈妈逛街时遇到一位流浪歌手。

听完一曲后，我走过去，随手把五元零钱扔进了那帽子里。

但接着，妈妈的举动让我大吃一惊。她走到帽子跟前，慢慢蹲下身子，轻轻将两个硬币放进了帽子里，并微笑着向流浪歌手点头示意。

我妈，没有念过多少书。但这一刻：我实在输她太多。对比这几件事，我想起了白岩松的一句话：“一个人有没有文化，并非看他的学历有多高。有学历的人，不一定有文化；没学历的人，不一定没文化。”

读很多书，拥有很高的文凭，和有没有文化，有时完全是两码事。

03

吴小闲讲过另一个感人故事。一次，他跟着老总去谈业务，午餐时，便在酒店点了一桌菜。

吃饭中途，服务生端上一道特色菜，老总礼貌地说：“谢谢，我们不需要菜了。”

服务生解释：“这道菜是赠送的。”

老总依然笑着回答：“免费的我们也不要了，吃不了，很浪费。”

饭毕，老总将吃剩的菜打了包。

回公司途中，老总将车子开得很慢，好像在打量什么，吴小闲正纳闷时，老总把车停了下来，拿起打包的食物，下车走到一位乞丐跟前，双手递了过去。

什么是文化？这就是文化。文化就是根植于内心的修养。

04

在《人民日报》上看过另一个故事。

周末，侄儿跟着一位华人去捕鱼。每撒下一网，总有收获。可每次网拉上来后，那华人总要挑拣一番，然后将其中大部分虾蟹扔回大海。

侄儿不解：“好不容易打上来，为啥扔回去？”

华人回答：“符合规定尺寸的鱼虾才可以捕捞。”

侄儿说：“远在公海，谁也管不着你呀？”华人淡淡一笑：“不是什么都要别人来提醒、督促的！”

什么是文化？这就是文化。文化就是无须提醒的自觉。

05

曾经有一位智者，他教导他的弟子，打碎了玻璃制品，要把碎片装入垃圾袋，并用笔在上面写道：“里面是玻璃碎片，危险！”

这样，捡垃圾的人就不会划伤手指。喝饮料之后的矿泉水瓶子，也倒空拧紧，这样方便废品回收者的收集。

你问我什么是文化？这就是文化。文化就是为别人着想的善良。

上厕所的时候，要想到下一个上厕所的人。

扔垃圾的时候，要想到下一个收垃圾的人。……

无论做什么事，都要想到下一个人。

06

戏剧家夏衍临终前，痛得十分难受。秘书说：“我去叫大夫。”

正当他开门欲出时，夏衍睁开眼睛，艰难地说了一句：“不是叫，是请。”

随后昏迷过去，再也没有醒来。

“不是叫，是请。”夏老改动一个字，却感动了一幢楼。

一个真正的文化人，应具备四种素养：

根植于内心的修养

无须提醒的自觉

以约束为前提的自由

为别人着想的善良。

想想我们有多少时候，不需要别人提醒，就能够有自觉的自省行为，就能够尽可能为别人着想、帮助他人呢？

言及此，就不得不说：“文化立国”。

（源自互联网，有删减）

阅读案例回答：

（1）请分析本软文的标题吸引人的是什么。

（2）本软文的切入点是什么？

（3）试分析该软文的写作技巧。

项目 6
熟悉软文创意写作技巧

回 项目综述

如果把软文看作一个人，那这个人的性格表面看起来很中庸，甚至有点不起眼。但放在人堆里，你却可以一眼看出来。它总有那么点气质，让人难以忘怀。这就是软文的魅力所在，有创意的软文更是魅力四射。

如何才能使软文更有创意呢？让软文最大限度地扩大产品的知名度、影响力，进而提高产品的市场占有率。在E电园实习的陈思豪、胡柏群、王星亮他们需要学习软文创意方面的知识，以满足企业未来安排的软文写作任务。因此，他们开始了软文创意写作的学习。

回 项目目标

通过本项目的学习，应达到的具体目标如下：

知识目标

◇体验优秀的创意营销案例，获取创意软文写作灵感

◇了解创意营销与创意软文之间的关系

◇熟悉软文创意写作的技巧

能力目标

◇学会欣赏优秀、经典的软文案例

◇学会从创意营销策略中构思相应的创意软文

◇掌握软文创意写作的常用技巧

素质目标

◇培养学生发现、欣赏优秀软文的能力

◇培养学生创新意识，构思创意软文

◇培养学生将创意营销策略中的创意应用于软文创意写作

◇培养学生对国产品牌的民族自豪感

◇培养学生树立诚信的社会主义核心价值观

项目思维导图

- 熟悉软文创意写作技巧
  - 创意营销点亮创意软文 —— 体验创意营销案例
  - 了解软文创意写作技巧 —— 了解软文创意写作技巧

任务1 创意营销点亮创意软文

情境设计

陈思豪等同学获知E电园将面向校园收集某产品销售的创意软文，他们也决定参加。为了在产品创意营销软文中脱颖而出，他们需要提前做好创意营销、创意软文写作技巧方面的知识准备。在学校专业老师的指导下，他们找了不少优秀的创意营销案例、创意软文进行学习，从中学习创意营销策略，为创意软文写作增添色彩，为写出有创意的软文做准备。

任务分解

为了创意软文从众多的软文中脱颖而出，争取被采纳的机会，陈思豪他们需要在专业老师的指导下，利用网络进行自主学习，通过网络搜索引擎搜索一些优秀的创意营销策略获取软文写作灵感，感受创意营销点亮创意软文的真正含义。

任务实施

活动 体验创意营销案例

活动背景

陈思豪他们通过对软文相关知识学习后，具有了一定基础。为了在校企合作企业某产品营销软文收集活动中脱颖而出，他们需要从众多的创意营销案例中获取灵感，创意营销点亮创意软文正是他们所期望的。因此，学校专业老师带领他们先体验一些创意营销案例。

知识窗

下面我们先来看几个优秀的创意营销案例。

1.伊利牛奶："一杯牛奶"到"全民快乐奶"的蜕变（见图6.1.1）

图6.1.1 “一杯牛奶”到“全民快乐奶”的蜕变

2020年8月，伊利臻浓在年轻化营销过程中，伊利牛奶推广“一杯牛奶”到“全民快乐奶”的蜕变软文，深入年轻人语境，联合抖音发起“吃货”挑战。民以食为天，同样年轻人对美食的探索之路也从未停止。即使是疫情，也阻挡不了吃货的步伐。在疫情的后半段时间，我们的生活迎来了全面的线上化，美食也在线上快速增长。抖音就非常成功地打造了网红美食的天然生态，成为美食的风向标。

而伊利臻浓刚好就瞄准了抖音打造的年度美食类IP“臻好吃·717美食节”，觉得是个大机会，便组织发起了全民DOU爱吃挑战赛，向网友征集“臻好吃”美食。后面又收集大家的各种创意吃法，并与网友形成亲密互动，最后成功爆红。在与抖音的合作中，伊利臻浓充分利用了抖音达人的生态，利用达人们给自己的产品种草。而且还在星图发布任务，吸引众多美食达人的参与。活动参与者众多，刚好又可以在活动中无形地植入广告，让大家记住臻浓牛奶。

创意亮点：伊利臻浓进行了品牌之间、品类之间的跨界创新，通过跨界联动打破品牌固有模式，同时也突破了用户边界，成功击中年轻人的兴趣。伊利臻浓把重点放在美味这一核心要素上，结合当前年轻人的喜好，将牛奶和其他食物跨界组合，成功推出了与小龙虾、方便面、曲奇等混搭的花式喝法，为品牌增加了趣味和玩味。这种跨界组合不仅形成了全方位的品牌效应，还实现了品牌的推广，深受年轻人的喜欢，最后大获成功。

2.百事可乐：一秒变土豪

百事推出了“渴望就现在”揭盖有奖活动，又名“瓶瓶有天猫红包，一块华丽变身，一块变土豪”。活动期间，购买600 mL促销装百事/七喜/美年达产品后，消费者通过手机天猫或手机淘宝客户端扫描促销包装二维码，根据指引参与“百事‘渴望就现在’”活动，输入真实有效的13位串码，经验证有效后即可获得奖品，奖品包括NIKE & 纪梵尼球鞋、豪车以及米其林晚宴等。

创意亮点：百事一向是创意营销的佼佼者，此次活动结合时下流行的网络语——土豪，配合丰厚的奖品促销，同时与当下火热的喜剧《往往没想到》合作，吸引了一大批粉丝的关注。

3.比亚迪唐：春节营销，精众营销见证跨越

比亚迪利用中国的春节春运来造势营销比亚迪唐这款车。官方双微发布《公路上的年夜饭》视频，并上传至各大视频网站（包括优酷、乐视、爱奇艺、搜狐、56网、酷6网、土豆网、腾讯等8大视频网站），比亚迪春节视频传播过程中：

（1）共在8大视频网站上上传视频，在6大视频网站上进行点位推荐，所有视频点击量合计148.3万。

（2）Web3.0微博平台共发布22条。官方微博1条，大号传播扩散21条。总转发量近86 094次，评论超24 769条，点赞量超5 389次。传播达到一定数量，传播效果较佳。

（3）Web3.0微信平台共发布19条。官方微信1条，大号传播扩散18条。总阅读量超551 691次（其中官方公众号阅读量达37 436次），传播达到一定数量，传播效果较佳。

创意亮点：借势春节春运，传播比亚迪移动电站功能，借助最为直接和可视化的视频传播手段，凸显移动电站功能，在社会化媒体中有效扩散，引发网友关注讨论，获得非常好的效果。

4.病毒视频营销

H&M–“小贝的内衣”广告片里的小贝半裸出镜了，鬼才导演盖里奇执导这个广告片，此广告一经公布，迅速变成病毒传播，此广告片刚开始一星期的浏览量为11 163 518，转发次数为494 938，广告效果出奇地好。

创意亮点：利用名人效应，会获得出奇好的效果，再加上大家对名人内衣的好奇，引发大众关注。

5.海底捞：当抖音遇上海底捞

抖音上流行起海底捞“鸡蛋虾滑油面筋”的吃法，让不少吃货为之流口水，而后陆续出现的“番茄牛肉饭”“最好吃的蘸料”等海底捞网红吃法更是刷爆了抖音，更有网友吃海底捞就是为了体验抖音吃法。

抖音让海底捞彻底火了一把，当年客流量超过了1.03亿人次，而海底捞也根据抖音网红吃法打造出了新菜单，让不少吃货惊喜不已。（见图 6.1.2）。

图6.1.2　当抖音遇上海底捞

创意亮点：不断去尝试新的、非传统的营销渠道，如果你有一个足够好的点子，不一定要投入巨额的广告费。

6.三只松鼠坚果

不只是坚果，《三只松鼠》动画片萌出新高度（见图6.1.3）。

图6.1.3　三只松鼠坚果，萌出新高度

三只松鼠和功夫动漫联合制作了一部集搞笑和冒险于一身的动画片《三只松鼠》，自开播以来话题不断，单单是新形象就萌出了新高度，不仅是小孩子，连很多成年人都加入了观剧大潮，也正印证了那句话“没有人会拒绝三只萌萌哒的松鼠”。功夫动漫为《三只松鼠》动画片设计了扣人心弦的剧情和精美绝伦的画面。根据百度指数和360趋势数据显示，自2018年4月9日《三只松鼠》动画片上线以来，三只松鼠百度指数由2 499增长至4 271、360关注度由5 421增长至6 8543。关键词需求图谱中，三只松鼠动画片相关关键词占据强相关词的主导地位。

自《三只松鼠》登录北京电视台卡酷少儿频道之后，六次夺得白天时段收视冠军，新媒体平台短短上线几天，就即将突破一亿播放量，单个视频网站每集动画点击量也均达100万次。几只萌宠收获了一大批粉丝，在朋友圈和微博刮起了一阵评论热潮，“一只松鼠，两只松鼠，三只松鼠，新鲜的美味谁也拦不住”，随着《三只松鼠》动画片的爆火，这首主题曲成为了坚果吃货界的神曲。随着动画片的火爆，三只松鼠紧跟着推出坚果大战游戏，多渠道进行营销和深入人们的生活中。

创意亮点：三只松鼠的成功在于“萌系营销”做得好，通过赋予品牌人格化，以主人与宠物之间的关系，突破传统的商家与消费者的关系，这是三只松鼠的本质意义。动画、游戏和零食有很多相似之处，用户群体也都覆盖了“80后”“90后”甚至“00后”，动画是将图片形象转化成视频形象的一个最好的契机，令三只松鼠坚果的营销走上成功之路，连续五年获得坚果类销售冠军。

7.小米4：一块钢板的艺术之旅（见图6.1.4）

2014年7月，小米发布小米4手机。对于手机的追求，一开始要求是只唯快，现在手机综合速度上来了，开始关心起了美丑。不得不说小米的文案一直走在消费者说出心中所想的前面，一块钢板的艺术之旅，唯美的艺术唯美的旅行打造出了帅气的小米4。

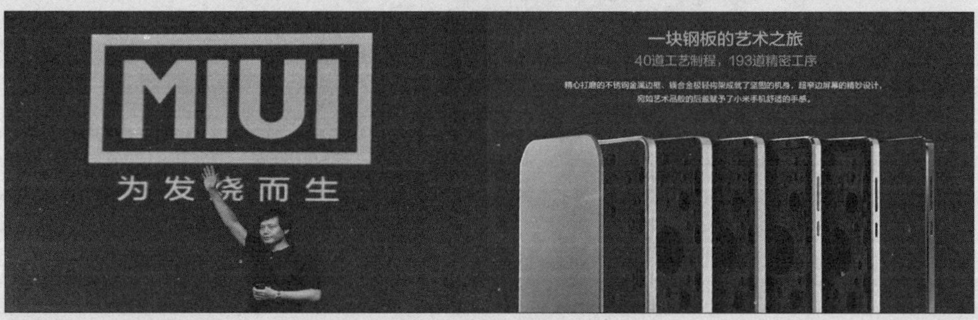

图6.1.4　小米4：一块钢板的艺术之旅

小米的这句广告语“一块钢板的艺术之旅”，恰逢其时，帮助小米完成了一次华丽的品牌转变。小米依旧标榜为发烧而生，但是对于这句话，小米做出了新的诠释。雷军在演讲中第一次对外重新定义了小米公司的使命，那就是“让每个人都能享受科技的乐趣，做让每个人都能买得起的科技产品”。发布低端机型红米后，小米的品牌策略一度饱受质疑，外界纷纷抨击小米偏离了其“为发烧而生”的品牌宗旨。雷军这次对于品牌内涵的阐释，实际上是对过去一年质疑的统一回应。“为发烧而生”与“让每个人都能享受科技的乐趣”，这两者之间并不矛盾。

创意亮点：“小米，为发烧而生”这是小米最经典的slogan，也是手机圈最广为流传的一句广告语了，oppo的“充电五分钟，通话两小时”的传播度都无法望其项背，在此基础上来“一块钢板的艺术之旅”宣传，让两者相得益彰，让小米4完成了华丽的转身，同时也发挥“为发烧而生”的品牌效应。

以上不少软文创意案例无不展现了国产品牌的魅力。对于很多消费者而言，购买国货是民族认同感的彰显，也是对祖国富强的自豪感体现，这种自信与信念有着强劲的内在生命力，软文写作也就承载了中华文化的传承与发扬的使命和责任。

活动实施

体验总结　创意营销案例分析。

步骤1：根据前面的营销案例完成表6.1.1。

表6.1.1　软文写作关键点收集表

序　号	创意营销标题	创意营销内容	创意亮点
1			
2			
3			
4			
5			
6			
7			

步骤2：成立学习小组，3～5人一组，把这几个创意营销案例讨论一遍，每个小组选一个创意营销案例，构思一个该产品的创意软文。

步骤3：各小组共同分享构思的软文，在老师的指导下，进一步加深了解创意营销如何点亮创意软文。

找一找　在互联网上找一些创意营销案例。

步骤1：打开IE浏览器，输入百度引擎地址，打开百度搜索页面。

步骤2：在搜索引擎文本框中输入：创意营销，进行搜索。

步骤3：挑选你自己认为比较优秀的3个创意营销案例进行阅读，把创意营销案例内容摘取下来，收集填入表6.1.2中或自行建立文档保存。

表6.1.2　创意营销案例列表

序　号	创意营销标题	创意营销内容	创意亮点
1			
2			
3			
4			

步骤4：完成后，在老师的指导下分组进行相互交流分享。

步骤5：在老师的指导下，各组选出大家认为最精彩的创意营销案例1篇，交给老师。

步骤6：老师对收集的创意营销案例进行赏析，教学生学会鉴赏。

活动评价

陈思豪及其小组成员通过活动，初步了解到创意营销对于产品的销售或者宣传有着举足轻重的作用，同时也了解了如何去为一个产品构思一个有创意的营销策略。在学习过程中，小组成员学会了独立学习，也尝试了合作带来的乐趣，培养了团队意识。

合作实训

实训名称：产品创意营销企划案。

实训背景：陈思豪等3位同学通过对创意营销的初步学习以及在网络上对创意营销案例的学习了解，对产品创意营销产生了浓厚的兴趣，并且了解到随着电子商务的快速发展，未来在电子商务领域对懂得创意营销的人才需求量会很大，为了集思广益，收集最好的创意思想，开展一个某产品创意营销的头脑风暴讨论会。

实训目的：发挥大家的力量，听取有创意的营销思想，收集并整理出有创意的营销企划案。

实训过程：

步骤1：先向专业老师提出活动申请，然后在专业老师的同意下，组建活动策划小组。

步骤2：选出陈思豪担任讨论会的主持人，胡柏群、王星亮两位同学为秘书，负责记录大家的创意营销方案。

步骤3：最后整理出一些有创意的营销点子，加深大家对于创意营销的理解。

步骤4：将最后整理出来的营销点子打印出来分发给同学，共同加强学习。

步骤5：总结分析活动策划的得失。

实训小结：通过本次活动，全班同学了解了目前同学们对创意营销的认知情况，同时通过活动激发了大家学习创意营销的兴趣。同学们在活动过程中，巩固和加深了创意营销知识的学习，职业素养方面也得到了锻炼。活动结束后，总结分析活动策划的得失，为今后团队工作打下良好的基础。

任务2
了解软文创意写作技巧

情境设计

陈思豪等同学通过任务1的学习，已经对创意营销有了一定了解，并且能对一些精彩的创意营销进行分析。现在他们将要在创意营销的基础上进行软文写作，那么关于软文创意写作技巧方面的知识，他们需要进一步学习。

任务分解

为了学习软文创意写作的技巧，需要对软文进行各部分的分解学习，以便使学习效果更好，也容易消化软文创意写作的技巧，这里分为两大部分：一是标题的撰写，二是正文的撰写。

任务实施

活动　了解软文创意写作技巧

活动背景

陈思豪、胡柏群、王星亮3位同学对软文有了一定的了解，现在他们需要根据创意营销去创作创意软文，首先需要了解的是如何去撰写一个吸引人的标题和正文内容。

知识窗

1.软文标题的准则

无论是哪种传播载体的软文，读者第一眼接触的都是标题，因此标题基本上决定了读者是否阅读这篇软文。据广告学方面的资料统计，好标题激发的广告阅读率在50%~90%，差标题广告阅读率在5%~20%，一般性的广告标题阅读率在20%~50%。一个好标题与一个差标题的广告阅读率相差许多倍！

网络软文的标题相关统计数据更为精确。据研究表明：搜索者将30%的时间花在了标题上，43%的时间花在了搜索结果上，21%的时间花在了URL上，做出一次点击决定的平均时间为5.7秒。所以标题是软文成功的开始，也是人们是否阅读该篇软文的关键。

广告学之父大卫·奥格威曾经说过“平均而论，标题比文章多5倍的阅读力”。因此标题的重要性毋庸置疑。软文标题应遵循以下准则：

①标题向消费者承诺其所能获得的利益。

②要把最大的信息贯注于标题当中。

③标题里最好包括商品的名称。

④就推销而言，较长的标题比词不达意的短标题，更具有说服力。

⑤不要写迷魂阵式的标题。

⑥使用适合于商品诉求对象的语调。

⑦使用情绪、气氛上具有冲击力的语调，如心肝、幸福、爱、结婚、家庭、婴儿等。

⑧能抓住消费者的眼球。

⑨简明扼要，一目了然。

⑩标题针对性强。

⑪标题通俗易懂。

⑫标题人性化。

⑬标题形象化

⑭标题差异化。

⑮标题数据化。

如果软文标题符合以上任何一条准则，再加上用创意营销软文的内容佐证，这样的软文标题就是好的标题。

2.正文的撰写技巧

如今很多企业都把软文当作一种必要的宣传手段，尤其是一些中小企业由于不能投入大量的经费操作硬广告，常常以软文起步。软文不但费用低，而且信息量大，对顾客了解产品本身起着很好的作用。那么，软文如何写才更有杀伤力呢？当然离不开撰写技巧。

（1）介绍历史文化

可以把有特点的企业文化或者产品历史，以软文的形式写出来，这是创意软文的招数之一。例如软文《全聚德：一只“有历史和文化背景”的烤鸭》（来源于《贤集网》）就是结合企业历史文化的形式来撰写的。

创意亮点：对于饮食企业来说，介绍悠久的历史文化是最好的软文撰写方向，尤其是对于“全聚德”这种历史文化厚重的企业，挖掘自身的历史文化来美化企业，可以让品牌深入人心。

（2）借势新闻事件（见图6.2.1）

我们常说“君子善假于物也”，软文营销也是一样，借助重点新闻事件进行软文营销，可以成功借势，引起人们的关注。

2017年8月30日上午，伊利集团与北京冬奥组委签署赞助协议，成为北京2022年冬奥会和冬残奥会官方乳制品合作伙伴。伊利成为中国唯一同时服务夏季奥运和冬季奥运的健康食品企业，成就中国乳业新的里程碑。冬奥会是全球最具影响力的冬季体育盛会，是一个有着强大生命力和丰富价值内涵的独特品牌。伊利集团继续秉承服务北京2008的优秀品质，为北京2022提供更加卓越的产品和精致服务。北京冬奥组委将积极搭建平台，帮助伊利集团获得更大发展空间和影响力，充分享受奥运品牌带来的广泛收益。

图6.2.1 伊利与北京2022年冬奥会和冬残奥会合作宣传海报

创意亮点：透过“伊利乳制品”的借势营销范例，我们可以收获时事类软文的写作启示，主要包括以下几个方面：

①分析关键词。时事热点能创造很多关键词，撰写软文时就需要有强大的分析能力，将热门关键词总结出来，进行软文宣传。

②软文与时事热点相结合。如“中国红”“太空出差三人组”“最美逆行者”等都是热门的关键词，将时事热点关键词融入软文中可以很好地引起读者的关注，从而提升访问量。

③新闻报道的热门事件，百度风云排行榜，其他搜索引擎的搜索排行榜，搜索引擎搜索框等都是我们可以得到热门事件的来源，将这些热点事件与网络营销、搜索引擎优化等相结合可以写出一篇不错的软文。

（3）通过数据说话（见图6.2.2）

OPPO“充电5分钟，通话2小时”

OPPO靠“充电5分钟，通话2小时”这句话火了一年，在当年的最佳手机广告宣传口号排行榜能排前三。不依靠情怀，不依靠老板个人魅力，也不依靠文采，一句足够有冲击力的广告词足矣。“充电5分钟，通话两小时”这句广告语，初看上去基本没有任何文学意味，不耐人寻味，却暴力地解读出OPPO闪充技术的优势。比起其他快充来说，VOOC闪充采用低压大电流的方式，充电功率更高，电量转化率达到95%，损失更小。在不伤害电池的前提下满足用户快速充电的需求。

图6.2.2　OPPO“充电5分钟，通话2小时”

创意亮点：使用精准的数字，给读者和潜在用户很多暗示，容易吸引眼球。给出具体的数字，使得文章显得更加严谨，同时带来权威感，增加文章的可信度。

（4）讲述产品故事

1893年，可口可乐的创始人很神圣地宣布，可口可乐之所以风味独特，是因为其中含有一种“7X”的特殊物质，而其秘密配方，据说收藏在世界某地一家信用极佳的银行里，全世界只有7个人知道这家银行的地址，他们中有5位持有存配方的保险柜的钥匙，另外2位知道密码，必须把5把钥匙同时转动，并对准密码才能开启保险柜。

这个配方引起许多人的关注，无数次对可口可乐成分的分析表明，难以找到“7X”。可口可乐又说，“7X不可破译”，“7X是永远的秘密”。于是，神秘性和公众性使“7X”成为新闻媒体百年不遇的谈论焦点，可口可乐的神秘也博得了难以计数的忠实消费者。

创意亮点：品牌故事就是最好的软广告，没有品牌故事，品牌很难树立起来。没有故事的品牌是平庸的品牌，它只能代表一种标识、一种符号、一个名称……永远无法从激烈的市场竞争中脱颖而出，因为消费者对你没有遐想，更无从知道你的与众不同。

（5）爆料行业内幕

揭秘化妆品真相：20元和435元的面霜区别在哪里？

近年来，越来越多的廉价化妆品牌开设专卖店，有些化妆品的价格低得让人惊叹，比如20元的指甲油、34元的粉底液，甚至六七元的口红。它们的价格仅为某些知名品牌化妆品的五分之一。究竟这些廉价化妆品是否存在质量问题，它们与高档化妆品有何区别。近日，某电视台记者便对此做了深入调查，为观众揭露了令人震惊的化妆品价格真相。

创意亮点：人总有窥探欲望，对内幕、隐私等都有很强的好奇心，利用人在这方面的好奇心写出的文章往往会带来很大的流量。爆料行业内幕，切勿太过攻击竞争对手。

（6）制造新闻事件（见图6.2.3）

美的电器：美的厨房小帮手，上演居家“舌尖上的中国”

美食纪录片《舌尖上的中国》曾有这样一句话：“高端的食材往往只需要最朴素的烹饪方式”，大多数人更喜欢追求的是食材最真最纯的味道，过多的提鲜料，会盖住原本食材的鲜美，有时还会对人体健康不好，许多人太需要在厨房准备省心省力的电压力锅了，有两款美的电压力锅能满足这类需求。

《舌尖上的中国》堪称一部艺术品，其通过美食，使人们有滋有味地认知了古老的东方国度，向世界分享中国历久弥新的味道，是近年来“现象级”文化大餐。而美的生活电器则一直秉承着“为人类创造美好生活”的理念，不断推出好的产品，为中国的家庭厨房带来便捷、舒适、易用的烹饪器具。因此，美的小家电与《舌尖上的中国》有着天然的吻合性，都为中国人的舌尖而努力，也有着开展深度合作的可能性。通过这样高收视率的纪录片作为宣传新闻，那不是一般广告所能比的。

图6.2.3 美的厨房小帮手，上演居家“舌尖上的中国”

创意亮点：利用一部堪称艺术品的纪录片《舌尖上的中国》，人们对美食的向往与追求，激起大家的欲望，从而引出烹饪器具，这个软文的营销可谓润物细无声，但获得的效果却是巨大的。将营销事件写成新闻事件，容易吸引眼球，同时让软文显得更严谨，可信度高。

（7）学习竞争对手（见图 6.2.4）

三大手机操作系统大对比！

自从在目前全球智能手机市场中，一直都被Android、iOS所垄断，虽然很多手机厂商都推出了智能手机操作系统，但最终都因为轻视了系统生态的建设而失败，而目前iOS系统以及Android系统，也是各具特色，其中Android系统具备了免费、开源的特性，所以直接垄断了全球超80%智能手机操作系统市场，而iOS系统则凭借系统封闭特征，拥有更加极致流畅的体验。但如今Android、iOS系统双雄争霸的格局，2021年6月，或许也将随着华为鸿蒙OS系统出现，而发生了改变，因为华为鸿蒙OS系统不仅仅保持了和Android系统一样的开源、免费的特征，同时华为还斥资百亿元用于打造华为鸿蒙OS系统生态建设，而就在近日，有知名大V统计了Android、iOS以及华为鸿蒙OS这三大手机系统的不同特征，让大家对它们能有一个更深入的了解。

华为鸿蒙将全面超越安卓：优势非常明显。

华为鸿蒙OS系统可以应用到智能手机、电视、手机、汽车、智能家居等产品，同时在系统流畅度、分布式能力方面，App开发能力方面，都全面优于iOS、Android系统，尤其是App开发方面，更是可以实现一次开发、多端适配。华为研发出了全场景分布式操作系统，打开了未来物联网世界的大门，将华为鸿蒙OS系统打造成未来物联网操作系统的世界级操作系统。

图6.2.4　三大操作系统的对比

创意亮点：学习竞争对手，分析优劣，形成对比，从而突出自身优势，增强软文的说服力。

(8) 巧借名人效应

名人是人们心目中的偶像，比较容易引起效应作用。曾经有一位出版商有一批滞销书久久不能脱手，他忽然想出了非常妙的主意：给总统送去一本书，并三番五次去征求意见。忙于政务的总统不愿与他多纠缠，便回了一句："这本书不错。"出版商便大做广告："现有总统喜爱的书出售。"于是这些书被一抢而空。不久，这个出版商又有书卖不出去，又送了一本给总统。总统上了一回当，想奚落他，就说："这本书糟透了。"出版商闻之，脑子一转，又做广告："现有总统讨厌的书出售。"又有不少人出于好奇争相购买，书又售罄。第三次，出版商将书送给总统，总统接受了前两次的教训，便不作任何答复。出版商却大做广告："现有令总统难以下结论的书，欲购从速。"书居然又被一抢而空。总统哭笑不得，商人却大发其财。

创意亮点：名人作为大众心目中的偶像，他们的一举一动都会引起大众的注意，利用名人的效应作用，增加软文的吸引力。

(9) 利用感情营销

一天傍晚，一对老夫妇正在用餐，电话铃响，老夫人去另一个房间接电话。回来后，老先生问："谁的电话？"老夫人回答："女儿打来的。"又问："有什么事？"老夫人回答："没有。"老先生惊奇地问："没事，几千里打来电话？"老夫人呜咽道："她说她爱我们。"两人顿时无言，激动不已。这时出现旁白："用电话传递您的爱吧！贝尔电话。"

创意亮点：这则情感营销经典广告，曾以脉脉温情打动了天下成千上万的父母和儿女的心。以感情故事为切入点，从读者的情感需要出发，唤起和激起读者的情感需求，诱导读者心灵上的共鸣，让有情的营销赢得更多的软文传播。

3.软文与短视频结合的营销技巧

软文的营销应用已不仅限于平面广告与文字的结合，现在最火爆的短视频结合软文作为产品的营销更是如日中天，作为当下最火爆的短视频应用之一，抖音凭借其巨大的流量，已经越来越受到广告主的重视。常用的营销技巧有：①制造传播热点。②建立品牌人设。③设立挑战赛。④创意广告传播。⑤利用明星效应。⑥与网络红人合作。⑦制作互动贴纸。⑧创意软文视频化。

无论是用哪种标题方式、哪种正文写作技巧，诚信的软文营销写作方法是很重要的，尤其是与短视频结合的方式，我们不能用虚假的东西作为宣传的噱头。诚信作为社会主义核心价值观之一，我们在软文写作中必须要奉行和遵守。

活动实施

做一做 创意软文标题分析。

步骤1：根据知识窗里的创意软文标题完成表6.2.1。

表6.2.1 创意标题分析

序 号	创意标题	创意亮点
1		
2		
3		
4		
5		
6		
7		

步骤2：成立学习小组，3～5人一组，对这几个创意软文标题进行讨论，每个小组利用互联网打开某个网站，找出1个创意软文标题，并让小组代表在全班面前对标题进行分析讲解。

步骤3：各小组共同分享、讲解找到的软文标题，在老师的指导下，进一步加深了解创意软文的标题撰写。

找一找 在互联网中分别找到1篇对应创意软文撰写技巧的软文。

步骤1：打开IE浏览器，输入百度引擎地址，打开百度搜索页面。

步骤2：在搜索引擎文本框中输入不同类型创意软文的关键词进行搜索。

步骤3：挑选你自己认为符合知识窗中的9种创意软文正文撰写技巧的软文进行阅读，把创意软文内容摘取下来，收集填入表6.2.2中或自行建立文档保存。

表6.2.2　创意软文列表

序　号	撰写技巧类型	创意营销标题	创意营销内容
1	介绍历史文化		
2	借势新闻事件		
3	通过数据说话		
4	讲述产品故事		
5	爆料行业内幕		
6	制造新闻事件		
7	学习竞争对手		
8	巧借名人效应		
9	利用感情营销		

步骤4：完成后，在老师的指导下分组进行相互交流分享。

步骤5：在老师的指导下，各组选出大家认为最精彩的创意营销软文1篇，交给老师。

步骤6：老师对收集的创意营销软文进行赏析，教学生学会鉴赏。

活动评价

陈思豪及其小组成员通过活动，不断加深了解了创意软文的标题及正文撰写技巧，结合活动的创意营销，他们已经知道怎样去创作一篇有创意的软文，并且根据创意营销去写创意软文，更是让软文如虎添翼。

合作实训

实训名称：某饮料产品创意软文写作。

实训背景：陈思豪等3位同学通过对创意营销软文的初步学习以及在网络上对创意软文案例的学习了解，对产品创意软文写作产生了浓厚的兴趣，并且了解到软文是一种性价比非常高的营销手段。为了对软文写作技巧进行实际运用，现在由他们共同对某饮料产品的营销软文写作进行创意构思，包括标题、正文，并完成一篇完整的创意软文。

实训目的：发挥大家的无限创意，听取有创意的营销故事，并将众人的创意故事融合、提取转变为产品营销创意软文。

实训过程：

步骤1：以陈思豪为小组长的活动小组准备撰写一篇有关某饮料产品创意软文的意向告知老师，并得到老师的同意和支持，同时由胡柏群同学担任小组活动秘书。

步骤2：陈思豪先了解该饮料产品的生产背景资料，包括公司背景、生产原料、饮料特点等，并将了解到的资料共享给小组的所有成员。

步骤3: 小组的所有成员根据陈思豪同学提供的资料进行创意点子故事的编写。

步骤4: 胡柏群同学将小组成员的所有创意点子故事进行记录、梳理。

步骤5: 由陈思豪同学作为主创作人完成该篇软文的撰写。

步骤6: 将完成的软文发给小组全体成员，总结创意软文的写作技巧和要点。

实训小结: 通过本次实训活动，小组成员学会了如何将有创意的营销故事融合、提取转变为产品营销创意软文，并在这个过程中掌握创意软文的标题、正文的撰写，更深层次体会了软文写作的创意无限，大大地激发了大家的创作热情。

项目总结

熟悉创意软文写作技巧，是写出有创意灵魂软文的基础，同时又是创作成功软文的必要手段。通过本项目的学习，学生以小组合作形式推进学习体验优秀创意营销案例，获取创意软文写作灵感，并且了解创意营销与创意软文之间的关系，通过学习分析大量优秀的创意软文案例，熟悉软文创意写作的技巧。通过项目实践，大大提高了学生学习软文的兴趣和欣赏优秀创意软文的能力，为学生撰写创意软文标题、正文等奠定了坚实的基础。

项目检测

1.单项选择题（每题只有一个正确答案，请将正确的答案填在括号中）

（1）无论是哪种传播载体的软文，读者第一眼接触的都是（　　）。

A.图片　B.标题　C.正文　D.数字

（2）软文创作最忌讳的是（　　）。

A.论文式软文　B.无病呻吟　C.缺乏真实性　D.没有一个核心的卖点

（3）创意营销的最终落脚点是（　　）。

A.市场　B.消费者　C.企业　D.宣传

（4）软文追求的传播效果是（　　）。

A.长时间的　B.短暂的　C.春风化雨，润物无声　D.风风火火的

（5）创意软文与创意营销策略的内在关系是（　　）。

A.相辅相成　B.如鱼得水　C.衬托　D.主次

2.多项选择题（每题有两个或两个以上的正确答案，请将正确的答案填在括号中）

（1）软文写作分为两大部分，它们是（　　）。

A.人物　B.标题　C.正文　D.故事情节

（2）下列的观点属于大卫·奥格威的广告标题准则的是（　　）。

A.简明扼要、一目了然　B.标题人性化

C.标题数据化　D.标题一定要短

（3）软文比硬广告更具优势的是（　　）。

A.费用低　B.信息量大　C.传播速度快　D.效果好

（4）下列属于软文正文撰写技巧的是（　　）。

A.通过数据说话　B.讲述产品故事　C.制造新闻事件　D.巧借名人效应

(5) 下列属于标题数据化撰写的有（　　　　）。

A.一个月瘦身20斤的两种方案　　B.30岁的人60岁的心脏

C.留下你的10块钱也留下你的伤疤　　D.朋友圈引发的营销思考

3.填空题

(1) 软文标题常用的准则有：__________、__________、__________、__________、__________、__________等。

(2) 写标题时，我们要注意两个方面：一是__________；二是__________。

4. 简述题

(1) 软文的标题重不重要？谈谈你的看法。

(2) 列举出至少 5 种软文正文写作的技巧。

5.案例分析题

前两天，我看见一则新闻，说是有这么一对夫妇，家里条件还不错，丈夫喜欢喝茶，有不少友人送了很多茶叶给他。一天，这家的女主人想给忙碌了一天的丈夫做一顿茶叶蛋，发现大多数茶叶的包装都很精致，她就没敢用这些茶叶。她发现茶叶架角落里有一个用牛皮纸包装的茶叶，觉得这个茶叶应该是普通的茶叶，于是，她就用这里面的茶叶给丈夫做了一锅茶叶蛋。丈夫从外面回来，刚一进屋子，就闻到满屋的茶香飘逸，问夫人："你做的什么啊？这么香。"夫人说："为了犒劳你专门给你做的茶叶蛋。"当丈夫看见茶叶蛋的时候立马就脸色煞白，大喊："你怎么把我的'牛肉'当作泡茶叶蛋的辅料？"夫人说："没有用牛肉啊，我用的是茶叶。"丈夫满面愁容地说："这'牛肉'就是茶叶的名字，是托朋友买回来的，而且来之不易，你怎么这么不小心啊。"夫人也不高兴了，我忙了一天给你做茶叶蛋，你回来却数落我，如果你喜欢，你可以把茶叶捞出来，再泡啊。这时丈夫缓缓地道出："牛肉"就是老茶客常说的武夷山牛栏坑肉桂，这种茶每斤起价就是8 000元，稀有异常，不是有钱就能买到的。这时，夫人才恍然大悟，原来自己这一顿茶叶蛋花了近万元，真是那个心疼啊！

（案例源自网络）

阅读案例回答：

(1) 请给本案例加上一个合适的标题。

(2) 本案例正文使用了哪些软文写作技巧？阐述自己对软文写作技巧的理解。

项目7 设置软文关键词

□ 项目综述

在电子商务发展迅猛的时代，网络推广方式层出不穷，软文推广则成为必不可少的重要方式。关键词是软文推广的支柱，起着举足轻重的作用。如果关键词设置得当，你的软文会在众多网络软文中脱颖而出；相反，如果关键词设置得不恰当，你的软文可能沉没在茫茫的网络之中。

陈思豪他们在校企合作企业E电园实习期间，学习了不少关于软文写作的相关知识，写出了比较有吸引力的软文，然而软文的搜索量和阅读量却一直没能达到他们的期望值。后来他们发现，原来一篇优秀的软文还得依靠最优关键词才能得到快速推广。在后续实习的时间里，他们在软文关键词这一方面下了苦功夫，希望通过学习，了解关键词的常见类别、关键词的设置技巧以及关键词的布局技巧等相关知识，成功将商务软文推广出去，并获得更多人的关注和浏览。

□ 项目目标

通过本项目的学习，应达到的具体目标如下：

知识目标

◇了解关键词的常见类别

◇学习关键词的设置技巧

◇尝试关键词的布局技巧

能力目标

◇学会分辨软文关键词的类别

◇学会设置软文中的关键词

◇学会分析比较关键词

◇学会对软文关键词进行布局

素质目标

◇培养学生积极主动学习的能力

◇培养学生团队协作精神和意识

◇培养学生适应互联网时代的能力

◇培养学生对国家乡村振兴战略的认可度

项目思维导图

- 设置软文关键词
  - 了解关键词的常见类别
    - 了解关键词的概念
    - 了解关键词的常见类别
  - 学习关键词的设置技巧
    - 学习关键词的设置技巧
  - 尝试关键词的布局技巧
    - 尝试关键词的布局技巧

任务1 了解关键词的常见类别

情境设计

陈思豪、胡柏群、王星亮等同学在实习期间十分认真，收获颇多。然而，在后续的商务软文推广中，他们遇到了难题，他们对商务软文的关键词了解甚少，甚至连关键词的定义都不了解。因此，他们请教了学校的专业老师，在老师的指导下，他们通过互联网进行学习，初步了解了关键词的概念及常见类别。

任务分解

陈思豪他们在学校专业老师的指导下，充分发挥了自主学习的能力，通过百度、搜狗等搜索引擎学习了关键词的概念，后续还需要通过课堂活动学习关键词的常见类别，学会对关键词进行区分。

任务实施

活动1　了解关键词的概念

活动背景

陈思豪等3位同学已经在校企合作企业E电园实习了一段时间，对软文有了一定的了解，但是对于关键词方面的专业知识有所欠缺。学校专业老师为他们补充了关键词的理论基础知识：什么是关键词？后续又通过课堂活动巩固了相关知识点。

知识窗

关键词，在搜索引擎的搜索栏输入一个词语或几个词语，搜索引擎为你搜索到你想要的结果，这些能够最终打开你想要的结果页面的词语就称为关键词。其实，关键词就是我们想广而告之的产品、品牌、服务或企业的名称。如图7.1.1所示，想找盐源苹果，在百度搜索栏中输入关键词“盐源苹果”，即可查到想要的结果。

图7.1.1 搜索结果

活动实施

搜一搜 了解关键词的概念。

步骤1：利用网络选用合适的搜索引擎（如百度等）搜索关键词概念的解释文字，完成表7.1.1内容的填写。

表7.1.1 关键词概念描述表

项 目	内 容	选用的搜索引擎
解释一		
解释二		
整合理解的概念		

步骤2：成立学习小组，3~5人一组，对大家搜索的内容进行讨论，组合整理成较完整准确的关键词概念。

步骤3：各小组共同分享整理的成果，在老师的指导下，进一步加深对关键词概念的理解。

找一找 阅读软文——《喝牛奶的草原情结》，找出文中的关键词。

在超市里，我对儿子说：“你去拿点牛奶和酸奶来。”

儿子说：“伊利的？”

“对，伊利的”。我回答。

“你就知道伊利！”儿子说。

“对呀，我是内蒙古人，就应该为草原做贡献！”我说。

“那谁知道你的贡献呀？谁会表扬你呀？”儿子说。

“用不着别人知道，更用不着表扬，是我自己愿意这样的。”我说。

是的，消费伊利奶制品多年了，什么牛奶、酸奶、雪糕、奶茶粉和白奶油等，绝对是日常生活中不可或缺的元素了。每天都在用，而且一直要用下去。别误会，我不是在给伊利做广告，蒙牛的产品我家也在用。内蒙古产的牛奶品牌不少，我不可能样样都提到，我只能找具有代表性的产品表述一件事情，我之所以这样做，是源于一种深深的故乡情结。

生在草原，长在北京，但对故乡的思念一天没有停止过。虽然，我已经不能用母语来诉说我的感情，也不能直接地为草原的发展贡献力量，但我可以用这样间接的方式来力所能及地做点我愿意做、能够做的事情。

请找出上述软文中的关键词。

活动评价

陈思豪及其小组成员通过互联网进行自主学习，初步了解了关键词的概念。在课堂活动中，他们加深了对关键词的理解，并且在学习中团结互助，互相学习，提高了他们的学习积极性。

活动2　了解关键词的常见类别

活动背景

陈思豪等同学学习了软文关键词的基本概念之后，在活动进行过程中发现用互联网搜索时，输入的关键词并非单纯的一个词语，有时是以一个短语的形式存在，有时又是以一个句子的形式存在。关键词的常见类别到底有哪些？他们带着疑惑进行了探讨与学习。

知识窗

关键词通常分为核心关键词、辅助关键词、长尾关键词。

1.核心关键词

核心关键词，即产品、企业、网站、服务、行业等一些名称或这些名称的一些属性、特色的词汇。例如：苹果、腾讯公司、淘宝网、神州租车服务等。

2.辅助关键词

辅助关键词，即核心关键词的近义词，是解释、说明、补充等一些扩展使核心关键词更加清晰的一些词语。例如：陕西苹果、腾讯公司简介、淘宝网特色等。

3.长尾关键词

长尾关键词则是对辅助关键词的一个扩展，而且一般长尾关键词都是一个短句。例如，陕西苹果的长尾关键词可能是“陕西哪个品种的苹果最好吃”“陕西哪个地区盛产苹果”等。

活动实施

□ **连一连** 对表 7.1.2 中的关键词进行归类，判别关键词属于哪一类。

表7.1.2 关键词分类表

关键词	关键词类别
火龙果 江西脐橙 哪个品种的苹果好吃 软文推广哪家企业比较强 最经典的软文 人参哪个品牌好 韩都衣舍 西洋参的价格 羽绒服哪个品牌比较保暖	核心关键词 辅助关键词 长尾关键词

步骤1：请分析以下关键词。

步骤2：对关键词的类别进行区分，将关键词进行归类。

步骤3：将关键词和相应类别一一连线。

步骤4：完成后，在老师的指导下分组进行交流分享。

步骤5：每组讨论汇总出最终答案，并派代表进行汇报。

步骤6：教师针对学生情况，进行讲评。

活动评价

陈思豪等同学通过课堂相关活动，了解了软文关键词的常见类别，学会了如何区分核心关键词、辅助关键词以及长尾关键词，同时也学会了根据软文寻找出关键词，并且对关键词进行明确的分类。

合作实训

实训名称：寻找最优关键词

实训背景：陈思豪、胡柏群、王星亮3位同学通过互联网对关键词的概念进行了初步学习，他们也通过课堂各项活动对关键词的常见类别进行了学习和实战。他们更加深刻地认识到关键词的重要性，为了让全班同学加深对关键词的认识，为撰写优质软文打好基础。他们主动策划了为乡村振兴重点帮扶县的农产品“寻找最优关键词”的活动，打算在班级活动课的时间内进行此活动。

实训目的：让全班同学都加深对关键词的认识，为撰写优质软文打好基础。

实训过程：

步骤1：向专业老师提出活动申请，并邀请专业老师对本活动进行命题并制订评分表。在专业老师的同意下，组建活动策划小组，推举王星亮担任活动小组组长。

步骤2：王星亮组织策划小组开会讨论，共同制订本次活动的方案，将活动方案提交给班主任，在班主任的同意下，申请相关的活动经费，主要用于购买比赛的用品和奖品。

步骤3：制订好活动宣传和实施计划。按照表7.1.3进行分工。

表7.1.3　活动任务分工表

序　号	工作任务	负责人	团队职位	时间（天）	工作成果
1	制订活动实施计划，邀请评委老师	王星亮	总负责	2	计划书
2	准备比赛用品、奖品	胡柏群	后勤	1	物品
3	具体活动的实施及宣传	陈思豪	策划、宣传	2	活动实施具体方案、宣传单

步骤4：活动任务明确后，各负责人分别开展工作。

步骤5：利用班会课宣传和说明活动规则，发动同学们积极组队参加比赛活动，鼓励同学们参与专业课学习实践。

步骤6：在活动课上，由专业老师现场拆封比赛题目，每个小组在规定时间内答题。

步骤7：答题时间结束后，由各个小组派代表进行汇报，各评委现场打分。

步骤8：汇总评分表，根据总分选出最优秀的小组，由专业老师进行颁奖。

步骤9：开会总结经验，由小组长负责撰写总结报告。

实训小结：通过本次比赛活动，专业老师了解了目前班级同学们对关键词的认知情况，同时也清楚了学生不同的认知程度，方便了制订后期教学计划。通过本次活动，每个参赛小组都体验了合作的乐趣，也提高了自身的沟通表达能力。对于策划小组的同学，他们不但巩固了对关键词知识的学习，还大大提高了策划组织能力。全体同学在实训过程中了解了乡村振兴重点帮扶县的主要农产品，对国家乡村振兴战略有更深刻的认识。

任务2
学习关键词的设置技巧

情境设计

陈思豪、胡柏群、王星亮等同学自从学习了软文关键词的概念和常见类别之后，他们在校企合作企业E电园的实习岗位进行软文写作时，也尝试在软文中加入关键词以增加软文的曝光率。然而，E电园的负责人觉得他们所设置的软文关键词过于单一，也没有科学地考虑用户的搜索行为，认为陈思豪等人在软文关键词设置方面还缺乏一些实用的技巧。陈思豪等人继续深入学习，在老师的悉心引导下，他们通过互联网学习了关键词的设置技巧。

任务分解

陈思豪等同学之前已经学习了关键词的概念及常见类别，能够根据自己的认知设置相关的关键词。为了更好地考虑到用户的需求，他们需要在专业老师的举例示范下学会使用搜索引擎了解用户的搜索习惯，学习一些关键词的设置技巧。

任务实施

活动 尝试设置关键词

活动背景

王星亮同学在“关键词设置大比拼”活动策划中担任总负责人，他观察到很多参赛小组在进行讨论时，并没有考虑到目标客户的需求，很多小组设置的关键词基本是凭空想象出来的。学校专业老师也发现了这一现象，为了进一步提高学生的专业能力，专业老师打算将关键词设置技巧的相关知识通过活动的形式传授给学生。

知识窗

1.关键词的设置步骤

设置步骤如图7.2.1所示。

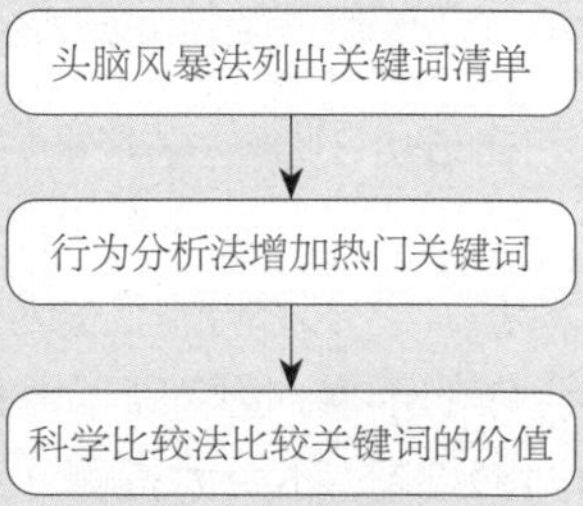

图7.2.1 设置步骤图解

2.关键词的设置技巧

（1）头脑风暴法——根据企业产品与服务列出关键词清单

在选择关键词的时候可以使用头脑风暴法将相关关键词的清单列出，再一一甄别。在列出关键词清单时要考虑关键词的相关性，关键词的相关性影响软文的宣传力度。比如在化妆品公司的软文中，化妆品或者某个妆容的名称等都可以拿来做软文中的关键词，互联网用户有可能从这些相关关键词搜索到你的软文，进而成为你的目标客户。

（2）行为分析法——根据用户搜索行为增加热门关键词

选择的关键词要符合用户的搜索习惯。软文是写给用户看的，为了提高软文的浏览量，所选择的关键词应该是用户经常会搜索的东西，这样用户才会有兴趣继续往下看。我们可以借助搜索引擎对用户行为进行分析。

①百度知道。了解用户搜索行为才能更好地把握软文的内容，更好地确定软文中的关键词。我们通过“百度知道”便能进一步掌握搜索用户想要寻找的问题和答案。以“室内设计”为例，如图7.2.2所示，搜索出来并且排名靠前的关键词有“家装设计”“室内设计师”“室内设计学校”等。因此，我们便能将这些关键词列入备选列表中。

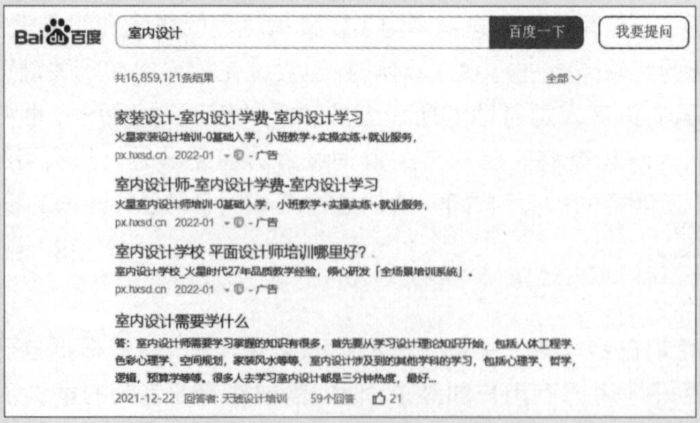

图7.2.2 “百度知道”关键词

②百度下拉框。在百度搜索框中输入某个词组时，便会出现一个下拉列表。在下拉列表中存在不少与之相关的提示，即长尾关键词，百度都是根据用户行为而设定的。设置软文关键词时一定要考虑这些长尾关键词，因为它们通常会给网站带来不少流量。下面以“室内设计”为例，百度下拉框中会出现如图中所示的长尾关键词如图7.2.3所示。

图7.2.3　“百度下拉框”长尾关键词

从百度下拉框能简单看出用户的搜索行为，百度下拉框有9个提示，都是根据某个时段估算出来用户的搜索次数决定上下排名。可以针对这些关键词进行深入研究和分析，看看这些关键词是否适合。

③百度相关搜索。无论是百度搜索还是其他的搜索引擎，在我们进行搜索之后，搜索引擎的最下面都有“相关搜索”这样一栏。“相关搜索”相对于百度下拉框的关键词而言，会更为稳定和真实。我们可以根据“相关搜索”来选择软文的关键词，甚至能够确定文章的一些段落标题。以“室内设计”为例，我们来看看有哪些相关搜索，如图7.2.4所示。

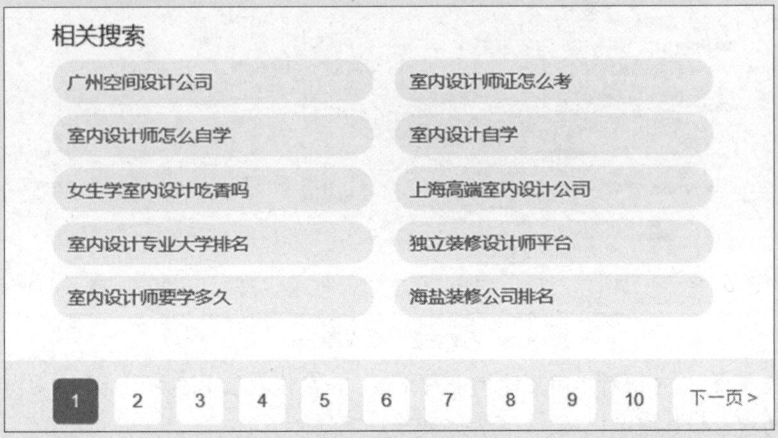

图7.2.4　“相关搜索”关键词

（3）科学比较法——根据挖掘工具比较关键词的价值

在列出所有相关关键词之后，接下来要做的就是比较关键词的价值，即比较哪些关键词可以给网站带来更多流量，或者说提高网站的销售转化率。关键词挖掘工具有很多，较为常用的有百度指数等，这些工具可以帮你分析出关键词的搜索量以及排名等情况，进而比较关键词的价值。

以百度指数为例，百度指数是查询百度关键字搜索量的重要工具，在其搜索框输入“室内设计”，即可看到“室内设计”这一关键词的搜索指数相关信息，如图7.2.5所示。从图中看到“室内设计”这一关键词的搜索是呈下降趋势的。再单击需求图谱，则可看到与“室内设计”这一关键词相关的其他关键词以及搜索强度，如图7.2.6所示。

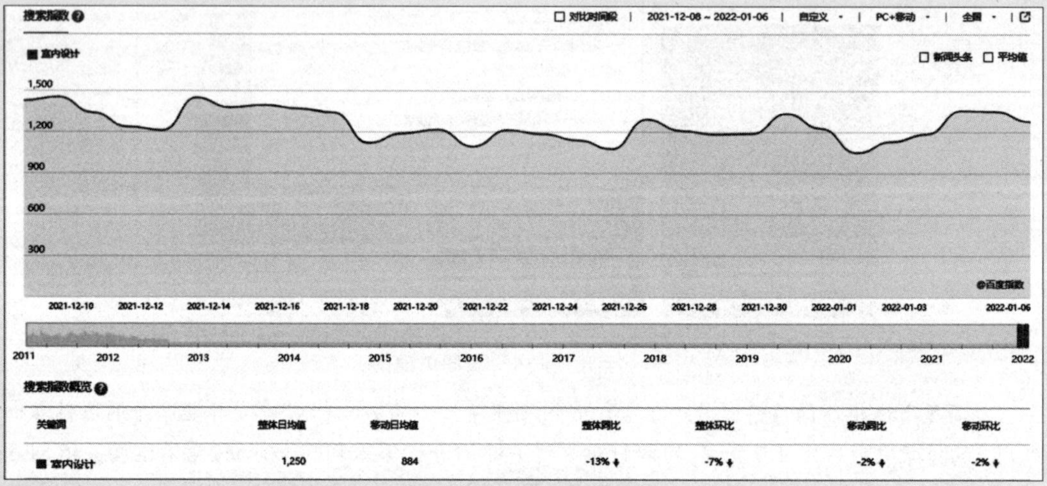

图7.2.5 搜索指数概况

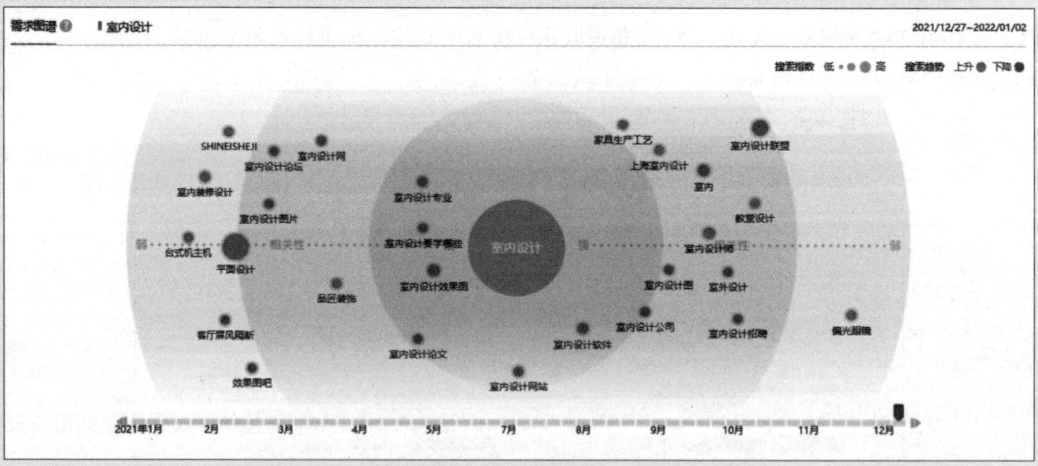

图7.2.6 需求图谱

在百度指数中，还可以对不同关键词进行比较，如在搜索框中添加对比词“室内装修”，即可看到两者间的搜索指数概况比较，如图7.2.7所示。

图7.2.7　对比词的搜索指数概况

活动实施

搜一搜　寻找关键词。

步骤1：使用百度搜索引擎搜索“宣威火腿”，完成表7.2.1内容的填写。

表7.2.1　关键词列表

项　目	关键词
百度知道	
百度下拉框	
百度相关搜索	
整合关键词（3个）	

步骤2：成立学习小组，3～5人一组，对大家搜索的内容进行讨论，汇总整合出比较优质的关键词。

比一比　比较关键词。

步骤1：使用百度指数，比较“美容”“美妆”这两个关键词，按照“近7天”的比较情况，完成表7.2.2内容的填写。

表7.2.2 关键词比较列表

对比因素		美 容	美 妆
搜索指数概况	整体日均值		
	整体同比		
资讯指数概览	日均值		
需求图谱	相关性最强的2个关键词		
新闻检测	媒体指数比较		

步骤2：成立学习小组，3~5人一组，对大家填写的内容进行讨论，然后汇总。

步骤3：各小组共同分享最终的成果，老师进行点评。

活动评价

陈思豪及其小组成员通过专业老师的知识传授，学会了使用百度搜索引擎寻找符合用户需求的关键词，同时也学会了使用百度关键词工具对各个关键词进行比较，选出最优质的关键词。

合作实训

实训名称：寻找软文关键词

实训背景：陈思豪、胡柏群、王星亮3位同学在校企合作企业E电园实习期间，单位碰巧需要撰写一篇关于推广“宣威火腿”的软文。陈思豪提议举行一个“寻找软文关键词”的小组合作活动，全班同学一同体验实习的乐趣，同时也加强同学们寻找关键词的实战经验。胡柏群和王星亮都十分赞同这个提议，于是，他们向老师提出了活动申请，这项活动得到了专业老师的支持，老师决定在课堂上完成这项合作实训。

实训目的：让全班同学都能加强对设置关键词技巧的学习，提高同学们的实践能力。

实训过程：

步骤1：全班同学以自愿原则进行组队，每3名同学组成一组，并选出一名组长。

步骤2：A同学使用百度搜索寻找关键词；B同学使用搜狗搜索寻找关键词；C同学使用360搜索寻找关键词。

步骤3：由组长将关键词进行汇总，并填入表7.2.3中。

表7.2.3 相关关键词列表

项 目	关键词
百度搜索	
搜狗搜索	
360搜索	
整合关键词（3个）	

步骤4：小组成员一同对3个搜索引擎搜索到的不同结果进行讨论，最终整合出3个关键词。

步骤5：使用百度指数进行关键词的比较（近7天数据）。A同学负责查看并记录关键词1的相关内容，B同学负责查看并记录关键词2的相关内容，C同学负责查看并记录关键词3的相关内容。

步骤6：组长将3个关键词填入“关键词内容”一栏中，并且把A、B、C同学记录到的相关信息汇总填入表7.2.4。

步骤7：全组成员进行讨论，分析，得出3个关键词的比较结果。

步骤8：每个小组派代表进行成果展示，老师做点评。

表7.2.4 关键词比较列表

项目		关键词1	关键词2	关键词3
关键词内容				
搜索指数概况	整体日均值			
	整体同比			
	整体环比			
资讯指数概况	日均值			
	同比			
	环比			
关键词比较结果				

实训小结：通过本次比赛活动，学生们尝试运用了关键词的设置技巧，老师可以从中了解到同学们对知识点的掌握程度，方便后期制订教学计划。本次活动主要是设置“宣威火腿”软文的关键词，学生们在运用各种技巧设置寻找关键词时，无形中加深了他们对“宣威火腿”这一农产品的了解，有利于后期软文的撰写。

任务3 尝试关键词的布局技巧

情境设计

陈思豪等同学在学习了软文关键词的设置技巧之后，他们撰写的软文曝光率得到了大大的提高，但是企业客户流量却没有得到提升，反而减少了。经过企业相关负责人的观察分析，他们发现陈思豪等3位同学在撰写软文时总想使用关键词，这就导致关键词设置过多，将整篇文章牢牢“套住”。部分互联网用户打开相关页面之后并没有进行过多的阅读就把页面关闭了，这大大影响了软文的宣传效果。为了避免这种情况出现，陈思豪他们需要学习软文关键词的布局技巧。

任务分解

为了更好地实现关键词的价值，提高软文的宣传力度，陈思豪他们需要在老师的指导下了解在软文中什么时候要出现关键词，关键词应该出现多少次，关键词该以何种方式出现等关于关键词布局的技巧。

任务实施

活动　应用关键词的布局技巧

活动背景

陈思豪等3位同学在之前的课程学习中已经掌握了关键词的设置技巧，懂得了使用搜索引擎这些工具来分析关键词。但是关于关键词在软文中的布局技巧他们了解甚少。因此，学校专业老师将带领他们尝试关键词的布局技巧。

知识窗

作为软文中的关键词，在撰写当中具有精神支柱般的影响力，这也使得关键词在软文中起着至关重要的作用。那么，我们要如何布局软文关键词，才能更好地发挥它的作用，并且在软文中使用得当。关键词的布局技巧有以下3点：

1.关键词的频率

关键词出现的频率一般在1%~7%，关键词分布要合理，不影响阅读，不能无缘无故地出现。

2.关键词的位置

关键词的位置也很关键。用户习惯决定了关键词出现的位置，用户阅读文章时一般习惯从左到右，从上至下，如图7.3.1所示，软文的重要位置包括顶部、左侧、标题、文章前半部分等。

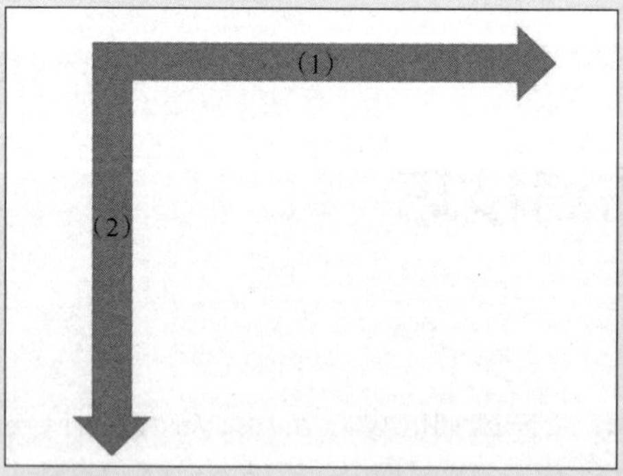

图7.3.1　关键词的位置分布图

现在来研究关键词的位置分布，一般用户阅读一篇文章时，他们对开头与结尾的文字记忆是最清晰的，因此这两个重要地方要设置关键词。从整体上来说，首先，标题应该含有关键词；其次，文章的首段里也应该放关键词；最后，在软文的结尾处要“重申”关键词，增强读者对关键词的记忆。这3个位置的关键词部署恰当，可以使软文熠熠生辉。

3.关键词的植入

电视、电影中植入广告是常见的做法，软文中关键词的植入与电视、电影中广告的植入有着异曲同工之妙，成败都在于情节上的设计与产品的融合度。因此，在软文中植入关键词时要借用以下几个技巧。

（1）问答式植入法

在软文中植入关键词时要讲求自然，使用问答式植入法在软文中插入关键词是软文写手普遍使用的写作手法。当采用提问回答的形式带入关键词时，通过一问一答便可以很自然地把关键词植入软文中。

（2）共鸣式植入法

利用大众对同一事物的同感来寻找彼此心灵上的共同融合点，通过一些体验或者感受来作为切入点，让大众产生共鸣，在共同的体验和感受的前提下很自然地过渡到相应的关键词上面。例如，即将做父母的人，在教育孩子的问题上都有哪些体会呢？这样很自然就可以引出了这些心得体会，然后顺理成章地插入了关键字。

（3）对比式植入法

市场上所有的产品都不是独一无二的，在撰写软文时，有些写手习惯于使用对比的方式植入关键词。文章的开篇先用网民的口吻将类似的产品做一个评价，分析其优缺点，进而慢慢地将重心转移到自己的产品上，从而达到宣传的目的。

（4）情节式植入法

情节式植入法又称故事式植入法，这一类型的软文对写手的要求比较高。在使用情节式植入法时应该紧紧围绕关键词本身来撰写，在情节描述的每一句话都要为关键词埋下伏笔，最后的故事情节也要归结到这个关键词上。

活动实施

写一写 要求：写一段包含以下 4 个关键词（青海湖、牛奶、天猫、满 199 减 20）的软文，字数 300~500，植入关键词方法不限。

步骤1：全班同学以自愿原则进行组队，每3名同学组成一组，并选出一名组长。

步骤2：以小组为单位进行关键词布局技巧的复习。

步骤3：小组成员进行探究，讨论如何撰写这篇软文。

步骤4：成员A进行软文的撰写，另外两名成员监督并提出修改意见。

步骤5：小组派代表把本组撰写的软文阅读出来，让全班同学一同欣赏。

步骤6：同学对每一小组的软文进行评价，指出其优点和需要修改的地方。

步骤7：老师对活动情况进行点评。

活动评价

陈思豪及其小组成员通过活动，懂得了软文布局时应当考虑其频率、位置和植入方式，也学会了灵活运用不同植入方式将关键词插入软文中。在活动中，同学间的相互评价让他们学会了自我发现和自我完善。

合作实训

实训名称：软文宣传单制作大比拼

实训背景：陈思豪等3位同学通过对关键词布局技巧的学习以及课堂活动的实践，懂得了关键词布局时要考虑其频率、位置以及植入方式，他们撰写软文的信心也得到了大大提升。因为软文常常出现在互联网中，这次他们打算策划一个“软文宣传单制作大比拼”的活动，将软文带到线下，这不但能让不经常上网的人可以看到他们精彩的软文，也可以提高相关企业或产品的影响力。由于他们已经有多次策划活动的经验，专业老师同意他们可以写完策划书后直接执行。

实训目的：让线下更多人看到精彩的软文，也让同学们学会对软文关键词作一些美化，突显软文关键词的重要作用。

实训过程：

步骤1：全班同学以自愿原则进行组队，每4名同学组成一组，并选出一名组长。（分组建议：有手工特长的，有书法特长的，有画画特长的，有写作特长的）

步骤2：每队成员按照分工安排各自完成工作，分工见表7.3.1。

表7.3.1 活动任务分工表

序　号	工作任务	负责人	团队职位	时间/天	工作成果
1	裁剪宣传单统筹整个任务	A同学	总负责	4	空白宣传单
2	撰写软文	B、C同学	文员	2	软文
3	设计软文页面布局	D同学	设计	1	成品

步骤3：收集同学上交的作品，全部在班级进行展示。

步骤4：组织同学投票评价，一人一票，除自己的作品外，手中的票可以投给任何一件自己认为优秀的作品。

步骤5：统计投票数结果，公布获奖作品，在老师的指导下组织颁奖。

实训小结：通过本次制作软文宣传单的比赛活动，小组成员了解了班级同学在软文中布局关键词的认知情况以及对凸显关键词的页面布局技巧。这一活动不再是简单的文案写作，还涉及学生的动手制作能力，提高学生兴趣的同时，也加强了他们设计的能力，为后期的学习、工作奠定了基础。

项目总结

通过本项目的学习，学生了解了关键词的常见类别、关键词的设置技巧以及关键词的布局技巧等相关知识，并且在学习活动中学会灵活使用搜索引擎以及关键词挖掘工具分析、比较关键词，选出较为优质的关键词。陈思豪等3名同学在学习了如何设置软文关键词的相关知识之后，平时的活动大大提高了他们的组织策划能力，锻炼了他们的胆识，这些为他们将来就业、创业提供了宝贵的实践经验。针对相关农产品关键词设置，引导学生了解乡村振兴情况，增强民族自豪感，厚植爱国主义情怀。

项目检测

1.单项选择题（每题只有一个正确答案，请将正确的答案填在括号中）

（1）关键词的常见类别不包括（　　）。

A.长尾关键词　　B.核心关键词　　C.主关键词　　D.辅助关键词

（2）软文关键词的设置需要考虑的因素有（　　）。

A.考虑产品或企业的名称　　B.考虑用户的搜索行为

C.考虑与产品或服务相关的属性、特色的词汇　　D.以上都是

（3）关键词设置的第一步——列出关键词清单采用了什么方法？（　　）

A.头脑风暴法　　B.科学比较法　　C.行为导向法　　D.行为分析法

(4)使用百度搜索查找“茶叶”时最不可能出现的关键词是(　　)。

A.泡茶步骤　　B.铁观音　　C.茶叶蛋　　D.雪梨

(5)百度下拉框出现的相关关键词一般有几个?(　　)

A.5　　B.3　　C.10　　D.8

(6)关键词出现的频率一般为(　　)。

A.1%~3%　　B.3%~7%　　C.5%~10%　　D.1%~7%

2.多项选择题(每题有两个或两个以上的正确答案,请将正确的答案填在括号中)

(1)关键词的常见类别有(　　)。

A.长尾关键词　　B.短尾关键词　　C.辅助关键词　　D.核心关键词

(2)关键词可以设置为(　　)。

A.产品名称　　B.产品品牌　　C.服务名称　　D.企业名称

(3)带入关键词的方式有(　　)植入法。

A.问答式　　B.故事式　　C.对比式　　D.共鸣式

(4)常见的搜索引擎有(　　)。

A.360搜索　　B.百度搜索　　C.搜狗搜索　　D.千度搜索

(5)关键词的布局要考虑(　　)。

A.关键词的次数　　B.关键词的频率

C.关键词的位置　　D.关键词的植入方式

(6)使用百度指数,可以比较看到关键词的(　　)。

A.整体日均值　　B.整体搜索次数

C.整体同比　　D.需求图谱

3.判断题(正确的画“√”,错误的画“×”)

(1)关键词在软文中出现的次数越多越好。(　　)

(2)只能使用百度指数分析关键词的热度。(　　)

(3)关键词的布局涉及关键词出现的频率、位置以及带入方式。(　　)

(4)关键词只能是产品的名称或品牌。(　　)

(5)头脑风暴法不适用于初步选取关键词。(　　)

4.简述题

(1)软文关键词的常见类别有哪些?

(2)设置软文关键词时有哪些技巧?

(3)软文关键词的布局要考虑哪些因素?

5.趣味挑战题

挑战“爱国杯”首届中文互联网软文大赛

要求:任选关键词植入法,在精彩绝伦的文章中悄然无声地植入“新款手机降价200元,京东现货”的广告,文章字数、体裁和题材无限制,小说、诗歌、散文、评论均可。

项目 8
分析软文发布平台

回 项目综述

随着互联网影响的进一步扩大，软文营销已经成为企业网络推广的核心方式之一。根据软文的不同类型选择合适的平台进行发布和推广，从而最大化地将潜在读者变为目标消费者，是软文营销的根本目的。

可供软文发布的平台非常多，不同的平台，带来的品牌提升速度和产品宣传效果各不相同。好的平台操作方便，发布速度快，收藏效果好，媒体权重高。但也有一些平台，由于使用量并不大，传播速度较慢。因此，选择一家正规可靠的软文发布平台，对企业的长期发展非常重要。

陈思豪等同学在实习过程中，企业需要发布软文，为了做好企业安排的发布任务，他们需要了解软文发布平台的相关知识，学习什么是软文发布平台，如何选择软文发布平台，熟悉软文发布平台的编辑操作等，为宣传、推广企业产品作好准备。

回 项目目标

通过本项目的学习，应达到的具体目标如下：

知识目标

◇了解软文的传播路径
◇熟悉软文发布平台的编辑操作
◇了解SEO的定义及原理

能力目标

◇具备分析各种不同软文发布平台的能力
◇能熟练编辑软文，并在平台上发布
◇掌握SEO的基本步骤

素质目标

◇培养学生自主学习的探究精神，增强学习能力
◇培养学生团队合作意识
◇培养学生适应现代市场经济岗位需求的就业观和人生观
◇培养学生诚信守法意识，杜绝虚假宣传

项目思维导图

- 分析软文发布平台
  - 了解软文的传播路径 —— 了解软文的传播路径
  - 尝试软文发布的常见平台 —— 了解软文发布平台的概念及编辑操作
  - 认识软文发布与SEO —— 认识软文发布与 SEO

任务1
了解软文的传播路径

情境设计

陈思豪、胡柏群、王星亮等同学掌握了如何撰写商务软文，现在企业安排他们将企业产品的宣传软文发布到网络上，因此，他们需要学习软文发布方面的知识。在发布软文前，他们需要学习软文的传播路径等方面的知识。在学校专业老师的指导下，陈思豪他们组成了学习小组，借助计算机网络和多媒体教学平台，了解软文传播的几种路径及其特点，为完成企业安排的任务作好准备。

任务分解

为完成企业安排的任务作好准备，陈思豪他们需要在专业老师的指导下，先在实训室或实习企业利用网络搜索软文传播路径的相关知识，然后通过小组活动巩固相关知识点。

任务实施

活动　了解软文的传播路径

活动背景

陈思豪等3位同学通过前面章节的学习，掌握了软文写作的相关知识，接下来将开始学习软文的发布。发布软文，首先了解软文的传播路径，因此，学校专业老师带领他们先了解软文传播路径的相关知识。

知识窗

促进产品销售和品牌的提升是软文营销的最终目的。如何让一篇软文获得高流量、高点击率，展示在更多人的面前，从而增强品牌效应，提高产品销量，这涉及软文在互联网中的传播路径。软文在互联网中传播路径有横向传播和纵向传播。

举个例子，当我们向平静的湖面扔下一颗石子，不仅会产生横向的涟漪，还会产生竖向的起伏（见图8.1.1）。如果我们将互联网看成是平静的湖面，软文看成是石子，那么将一篇软文发布到网络上，将会产生横向的涟漪和纵向的起伏。不同的软文造成的影响，扩散的范围将会产生不同的差异。

图8.1.1　水波图

1.软文横向传播

软文横向传播是指软文在不同网站之间的传播，也就是说软文被不同的网站转载，其衡量指标是转载量。横向传播路径包括：从政务网站到商业网站、从门户网站到行业网站、从行业网站到企业网站、从论坛到博客等。了解传播的路径，可以指导优化人员选择上游的渠道进行软文发布，渠道越上游，软文的转载量和影响力越大，带来的流量也越大（见图8.1.2）。

图8.1.2　上游渠道：江南时报多媒体数字报

2.软文的纵向传播

纵向传播是指软文在一个网站内进行扩散，常见的扩散路径有以下几种。

(1) 首页—内页路径

首页资讯是门户网站展示重要热点新闻的地方，基本上所有的门户网站都会将内页中的热点新闻呈现在首页(见图8.1.3)。行业B2B网站喜欢这样设计，特别是内页的优质新闻，出现在首页的概率更大。这一点对于SEOER(SEO从业者或爱好者，或称优化人员)的启示是：让自己的软文尽量成为内页的热点，一旦出现在首页的栏目，其效果将会成倍提升。

(2) 首页—论坛路径

一般的行业性网站，大多都有论坛(见图8.1.4)，论坛是话题之地。优化人员在论坛常做的事就是发外链、做评论。很多网站都会在首页呈现论坛中的活跃话题。所以对于话题的评论，需要有一定的见解，最好是能够将相关软文的链接(见图8.1.5)放在评论之中，这样可以使软文传播效果扩大。

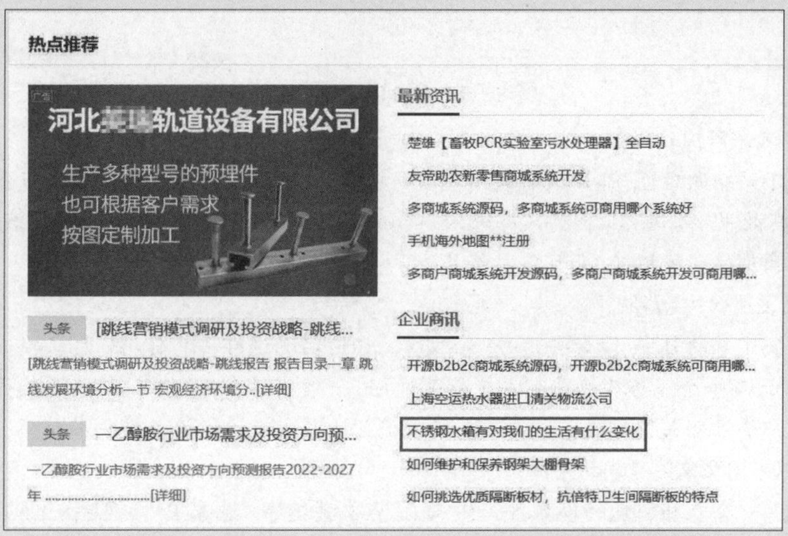

图8.1.3 八方资源网首页热点推荐

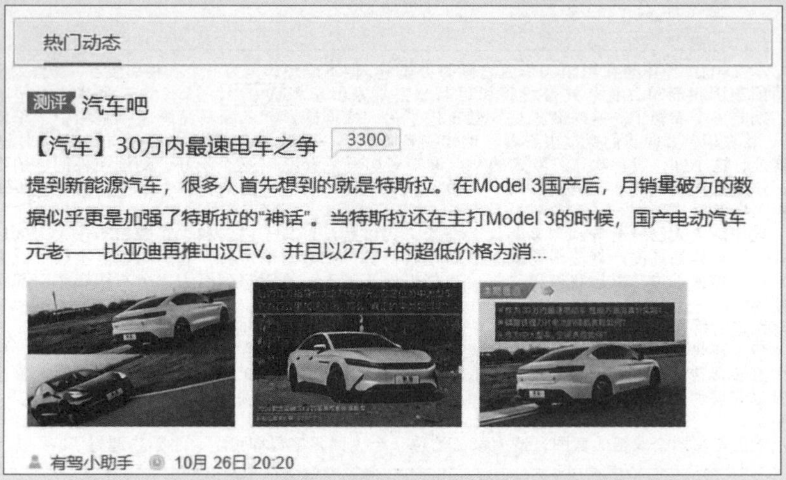

图8.1.4 百度贴吧首页热门帖

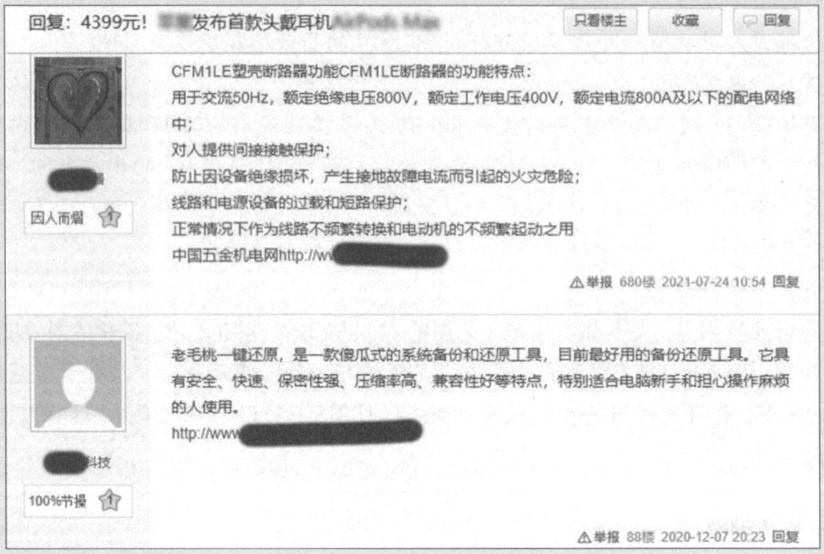

图8.1.5　用户评论加上链接

(3) 资讯—商铺路径

一些B2B网站的后台，都开设有新闻发布的功能，便于优化人员在商铺中发布公司或者产品新闻。但是其效果十分有限，因为只有进入商铺的人，才会去读这类新闻。因此，我们不仅要将软文发布在商铺的新闻频道，而且需要将其呈现在B2B网站的资讯栏目。

(4) 软文—软文路径

通过一篇文章的引导，读者去读另一篇文章。如何实现这样一种传播？大家第一反应可能是超链接。然而，有一个容易忽视的地方就是关键词。一般网站会在文章尾部设置相关阅读栏目。其中的文章都是根据关键词进行提取的。所以优化人员不应该忽视关键词的填写，反而应该更加用心，实现不同文章关键词的互链。

如软文《一个衣柜引发的婆媳斗》中，通过点击关键字“选家具”（见图8.1.6）可出现超链接，超链接弹出的页面就是该关键字的另一篇软文《装修攻略之如何打造五星级卫浴间》（见图8.1.7）。

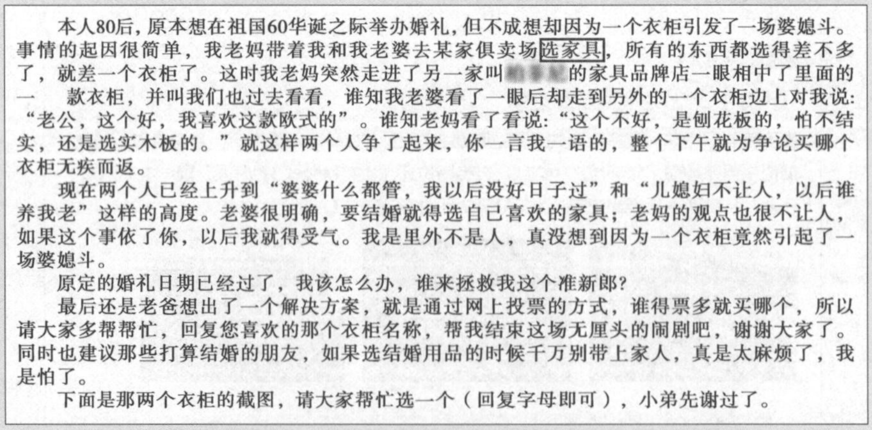
本人80后，原本想在祖国60华诞之际举办婚礼，但不成想却因为一个衣柜引发了一场婆媳斗。事情的起因很简单，我老妈带着我和我老婆去某家俱卖场选家具，所有的东西都选得差不多了，就差一个衣柜了。这时我老妈突然走进了另一家叫[illegible]的家具品牌店一眼相中了里面的一　款衣柜，并叫我们也过去看看，谁知我老婆看了一眼后却走到另外的一个衣柜边上对我说：“老公，这个好，我喜欢这款欧式的”。谁知老妈看了看说：“这个不好，是刨花板的，怕不结实，还是选实木板的。”就这样两个人争了起来，你一言我一语的，整个下午就为争论买哪个衣柜无疾而返。

现在两个人已经上升到“婆婆什么都管，我以后没好日子过”和“儿媳妇不让人，以后谁养我老”这样的高度。老婆很明确，要结婚就得选自已喜欢的家具；老妈的观点也很不让人，如果这个事依了你，以后我就得受气。我是里外不是人，真没想到因为一个衣柜竟然引起了一场婆媳斗。

原定的婚礼日期已经过了，我该怎么办，谁来拯救我这个准新郎？

最后还是老爸想出了一个解决方案，就是通过网上投票的方式，谁得票多就买哪个，所以请大家多帮帮忙，回复您喜欢的那个衣柜名称，帮我结束这场无厘头的闹剧吧，谢谢大家了。同时也建议那些打算结婚的朋友，如果选结婚用品的时候千万别带上家人，真是太麻烦了，我是怕了。

下面是那两个衣柜的截图，请大家帮忙选一个（回复字母即可），小弟先谢过了。

图8.1.6　软文“一个衣柜引发的婆媳斗”中关键字

身在都市中的人在忙碌一天后回到家最惬意的就是安静的躺在浴缸里享受这一刻所带来的轻松。所以我对卫浴间的要求比较高，一定要将自己的卫浴间打造成和五星级宾馆一样的豪华舒适。在经过一段时间的奋斗后我终于打造出了一个五星级的豪华卫浴间，在兴奋之余把我的心得与大家分享一下，希望能够给正在装修的朋友们一些帮助。

先说说布局方面，良好的布局可以增加空间的使用率，这对狭小的卫生间来说，尤其重要。就5平方米卫生间而言，最关键的是合理布置面盆、坐便器、淋浴间。“三大件”基本的布置方法是由低到高设置：即从卫生间门口开始，逐渐深入。其中，最理想的布局方式是洗手台向着卫生间门，而坐便器紧靠其侧，把淋浴间设置在最里端。这样无论从使用、功能还是美观上讲都是最为科学的。如果选择干湿分区的布局，那么一定要把面盆、坐便器和通道与沐浴区分开，尽量在确保通道的前提下，合理地安排面盆和坐便器的位置。吸顶式的浴霸不会占用卫浴间地面的空间，对整体布局影响不大。

再说说安装注意事项，一个标准卫生间一般应有五个进水点（三冷两热），四个排水点，浴缸、面盆、便器各需一个排水孔、一个冷水进水管，浴缸、面盆还各需一个热水进水管，卫生间需一个遗水口（即地漏）。面盆的安装　理想的安装高度为800至840毫米。台式面盆应配合台板。挂式面盆适宜小卫间的装修。便器的安装　理想的安装高度为360至410毫米。卫生间排水管道有S弯管的，应选用直冲式便器，选用虹吸式便器后，安装上应留排气孔，使之保持同一气压以达到虹吸效果。浴缸的安装　理想的安装高度为380至430毫米。为简便安装和增加装饰性，可选用带裙板的浴缸。选用浴缸长度一般在1500毫米左右为宜。一间式卫生间浴缸外应有沐浴帘。其他设备的安装　一个标准卫生间应安装换气扇、**毛巾杆**，地面装饰要防滑。一般只需一组主光源，安装于镜面上方。

水龙头也是需要重点考虑的，这方面分为浴缸龙头、面盆龙头、厨房龙头三种，统称“三件套”。**浴缸龙头**有两个出水口，一个连接浴缸花洒，一个连接花洒下面的龙头，供淋浴之用；**面盆龙头**这种龙头出水口较短、较低，主要供人们洗涤物品、洁面之用；**厨房龙头**，如果厨房里有热水管线，这种龙头也应该是双连的。另外，厨房龙头的出水口较高、较长，某些还有软管设计，供洗涤食物之用。

当然一定要选一个好的花洒，这也关系到洗澡的质量。如果选到那些质量不过关的花洒用不了多久就会出问题，很是影响心情。所以在花洒的选择方面一定要选择那种龙头管子是全铜的，手喷是ABS工程材料的，带下出水的这种。在价格方面一定要选择中高档的，一方面其质量可以得到保障，另外在售后方面也不用有任何的担心。这方面可选的牌子是丹诗格尔、伊蕾等品牌。

好了，该说的、该注意的我已经都写得差不多了，希望能够为您起到一些参考价值。下面是我家卫浴间的图片我也拿出来晒一晒，装的不好请拍砖，谢谢。

图8.1.7　超链接弹出后的另一篇软文

(5) 博客—博客路径

博客被别的博主转载(见图8.1.8)，这一点是社交网站营销的关键。对于社交网站营销来说，这种传播路径占据着主导位置。所以，对于优化人员的启示是：软文要具有一定的思想性，让大家乐于转载和收藏。

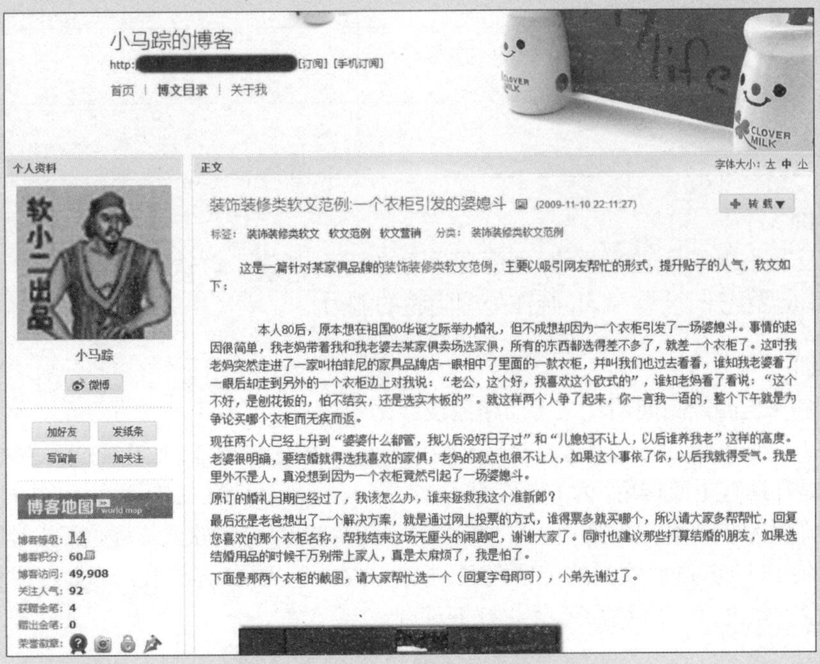

图8.1.8　小马踪的博客

活动实施

□ **比一比** 比较软文横向传播与纵向传播的优点。

步骤1：打开IE浏览器，输入百度引擎地址，打开百度搜索页面。

步骤2：在搜索引擎中分别输入"软文横向传播路径"和"软文纵向传播路径"，从网络上了解更多关于软文传播路径的内容，根据表8.1.1的要求完成内容填写。

表8.1.1 软文传播路径

	软文横向传播路径	软文纵向传播路径
内容		
优点		

□ **找一找** 搜索软文横向传播与纵向传播的案例。

步骤1：打开IE浏览器，输入百度引擎地址，打开百度搜索页面。

步骤2：通过搜索引擎查找软文横向传播和纵向传播的相关案例并截图。

步骤3：挑选你自己认为比较精彩的截图插入表8.1.2中或自行建立文档保存。

步骤4：完成后，在老师的指导下分组进行相互交流分享。

步骤5：老师收集学生的截图，并进行点评，教会学生正确区分。

表8.1.2 软文纵向与横向传播列表

序 号	软文纵向传播	软文横向传播
1		
2		
3		

活动评价

陈思豪及其小组成员通过活动，利用互联网的学习，加深了对软文传播路径的了解。在学习过程中，小组成员提升了合作学习，合作处理问题的能力。

合作实训

实训名称：E电园产品促销软文传播路径设计比赛。

实训背景：陈思豪等3位同学通过对软文传播路径的学习，知道软文传播的路径对促进产品销售和品牌的提升具有重要作用。为了让班级里的同学进一步认识软文传播路径，共同营造良好的学习氛围，他们主动向老师提出策划一次"E电园贵州农特产品促销软文传播路径设计"的比赛。

实训目的：进一步熟悉软文的传播路径，根据助农帮扶要求，合理设计软文传播路径，共同营造良好的学习氛围，为今后学习、就业打下基础。

实训过程：

步骤1：向专业老师提出活动申请，然后在专业老师的同意下，组建活动策划小组，选出陈思豪担任活动小组组长。

步骤2：陈思豪组织策划小组开会讨论，共同制订本次活动的方案。将活动方案提交给班主任，经班主任同意后，申请相关的活动经费，主要用于购买比赛的用品和奖品。

步骤3：制订好活动宣传和实施计划。按照表8.1.3各自完成准备工作。

表8.1.3 活动任务分工表

序号	工作任务	负责人	团队职位	时间/天	工作成果
1	制订活动实施计划	陈思豪	总负责	2	计划书
2	比赛奖品的准备	胡柏群	后勤	1	物品
3	具体活动的实施及宣传	王星亮	策划、宣传	1	活动实施具体方案、宣传单

步骤4：活动任务明确后，各负责人分别开展工作。

步骤5：利用班会课宣传和发动同学积极参加比赛活动，鼓励同学热情参与专业课学习实践，说明活动规则。

步骤6：收集同学上交的作品，在班级进行展示。

步骤7：组织同学投票评选，一人一票，除自己的作品外，手中的票可以投给任何一件自己认为优秀的作品。

步骤8：统计投票结果，公布获奖作品，在老师的指导下组织颁奖。

步骤9：开会总结经验，由小组长负责撰写总结报告。

实训小结：通过本次比赛活动，小组成员了解了目前同学们对软文传播路径的认知情况，同时通过活动激发了大家学习软文的兴趣。同学们在活动过程中，巩固和加深了软文相关知识的学习，职业素养方面也得到了锻炼。

任务2
尝试软文发布的常见平台

情境设计

陈思豪等同学学习了软文传播路径的相关知识，现在他们需要继续学习软文发布平台的相关知识，以便发布企业软文时能选择更合适的发布平台。在学校专业老师的指导下，他们组成了学习小组，借助计算机网络平台自主教学，了解软文发布的常见平台后，进行实训，为企业实习工作做准备。

任务分解

为了更深入地学习软文发布的知识，陈思豪他们需要在专业老师的指导下，利用网络搜索软文发布常见平台的相关知识，了解软文发布的几种常见平台，并熟悉其中的操作。

任务实施

活动　了解软文发布平台的概念及编辑操作

活动背景

陈思豪等3位同学通过前面章节的学习，对软文的传播路径有所了解，现在在学校专业老师的带领下，他们开始学习软文发布平台的概念及其作用，了解常见的软文发布平台并掌握相关的编辑操作，通过小组活动巩固相关知识点。

知识窗

1.软文发布平台的概念及其作用

软文发布平台是为产品营销推广提供专业传媒资源来进行软文发布的网络平台，其作用是为企业或个人软文发布提供广泛的媒体发布渠道。

国内比较专业的软文发布平台有拓宽传媒旗下的U传播——自助发稿平台（见图8.2.1），它是拥有海量一手媒体资源（全国门户，行业垂直，中小地方媒体等）、专业高效、正规透明的一站式新闻软文的营销推广平台，是企业新闻软文推广的首选平台。

图8.2.1　U传播平台界面

另外还有软文街平台（见图8.2.2），它是集小红书、抖音、微信、微博、短视频、直播等于一体的一站式智能广告营销平台，专业营销顾问会根据用户画像制定精准投放策略、匹配渠道资源，以助力5000+广告主完成精准投放。

图8.2.2　软文街平台界面

2.软文发布平台编辑

前面章节已经介绍了软文的撰写与编辑，软文发布平台的编辑与软文编辑不同。如何在发布平台里编辑软文才更容易吸引浏览者吗？

(1)充分利用软文的外链，发挥它的优势。什么是外链？软文外链就是指通过发布包含自己网站反向链接的软文从而获得了外链。那么外链有哪些优势呢？(见图8.2.3)

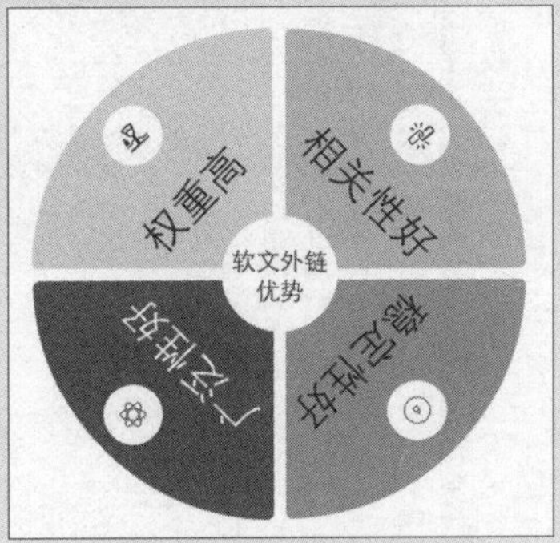

图8.2.3　外链优势

①权重高：一般发布软文的平台权重都很高，有这样高权重的网站做靠山，软文外链的权重自然比普通的链接要高出许多。

②相关性好：由于软文是我们自己编写的，所以可以控制软文内容，可以通过自己的精心编写来提升外链的相关性。

③稳定性好：软文发布平台，一般审稿都比较严格，投稿成功的软文不会被删除，链接也就一直存在。所以软文链接的稳定性很好，容易随着时间积累更多的权重，传递给网站。

④广泛性好：软文，尤其是新闻源软文，都具有很高的转载率。这样外链会跟着软文一起，被不停地转载，在获得大量优质链接的同时，不断地提升网站外链的广泛性。

软文外链的获得方式有如下3种。

①文章投稿：有些门户网站，如A5(见图8.2.4)、艾瑞网和速途网(见图8.2.5)等，都接受在线投稿，甚至开设专栏。只要投稿的质量足够好，这些网站都可以保留文章版权，文章的版权里就可以添加自己的链接。

②资源互换：资源互换是获得软文外链的重要渠道。你的网站不太可能是独一无二的，肯定有和你主题类似的网站。既然大家都有发布外链的需求，如果网站差距不大，就可以互相发布主题相似的软文外链，进行资源交换。

图8.2.4 A5全媒体广告平台首页

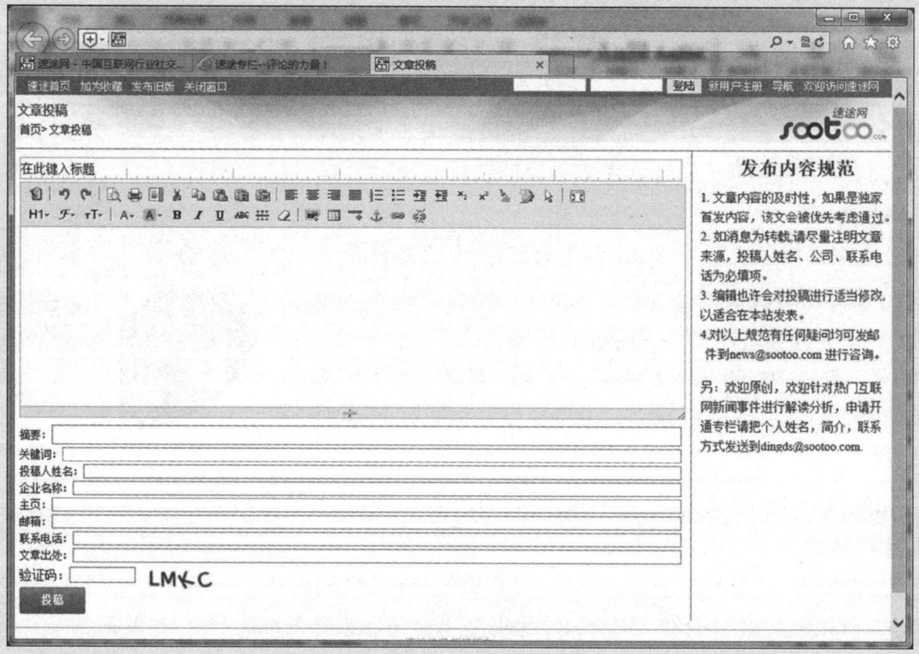

图8.2.5 速途网投稿界面

③付费发布：如果自己软文写作能力一般，投稿通过率比较低，付费发布也是一个不错的选择，而且付费发布软文，其可选择的网站平台更丰富。不是所有的网站都接受投稿，即使接受也不一定允许加链接。而付费发布的软文，一般都可以添加链接，而且还可以添加锚文本。

(2)软文第一时间发表在自己网站，快速提高网站权重。由于搜索引擎注重原创的内容，因此，优质的原创软文写好后应第一时间发表在自己网站，日积月累，网站点击量会随之增长。

(3)软文中设置好关键词，以提高软文搜索排名，增加用户点击率。

(4)把握好软文发布平台操作的三个主要环节：

①确定推广的策划方案，确定软文编辑的方向以及策划市场定位。

②软文编辑的细节因素，必须具备一定的吸引力，能够具有一定的影响力。

③准确的时间、准确的发布、准确的站点栏目。

3.常见的软文发布平台类别

（1）代发平台

当前，在网络上软文代发平台有很多，但因缺乏相关的行业规范，所以在行业中也是鱼龙混杂。作为一个良好的软文代发平台，会有优质的作者，有优质的服务。既能够免去你专门设立一个部门，招软文写手的麻烦，又能够给你提供符合你需求的软文。而且，如果你有需要，你还可以选择继续和平台进行合作，从文案的写作到发布引流，一条龙的服务可以免去你的很多麻烦。代发平台的一般服务流程如图8.2.6所示。

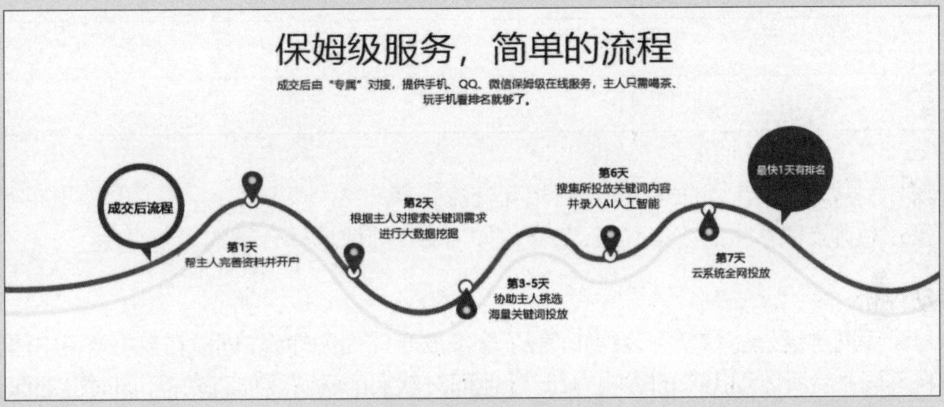

图8.2.6　代发平台服务流程

（2）B2B、分类信息平台

阿里巴巴、慧聪等行业类B2B平台开设店铺，既可以为网站自身吸引搜索蜘蛛过来，又可以让其他企业看到他们的业务；58同城、百姓网、赶集网等分类信息网站，由于自身权重很高，在这些平台上发布外链，往往能为网站带来很高权重的反向链接。

（3）网络收藏夹、文摘平台

网络收藏夹俗称网络书签，如果平时只关注博客及论坛类的外链，往往因网站自身的反链过于单一，很容易出现反效果，此时可以使用网络收藏夹。常见的网络收藏夹有百度收藏夹、QQ书签、乐收、好网角。

（4）博客论坛系列平台

平时要特别专注于百度贴吧、站长论坛、站长之家等行业性高权重的论坛，这样可以获得较高的论坛权限，以便在做优化的时候可以挂上高质量的锚文本或者明链为网站吸引搜索蜘蛛，带来流量。同时在一些开放的政府性论坛发帖可为网站带来很好的权重导入。

（5）问答百科系列平台

知乎、百度知道、搜狗问问、雅虎问答、天涯问答、奇虎问答等问答平台主要为网友解答问题，能为网友提供直接的解决问题的方法，因此现在的搜索引擎都给予这些问答平台很高的权重，如果能在这些平台上做上合适的网址链接或锚文本链接则对优化尤其有效。

活动实施

搜一搜　搜索其他软文发布平台。

步骤1：打开IE浏览器，输入百度引擎地址，打开百度搜索页面。

步骤2：在搜索引擎文本框中输入软文发布平台，进行搜索。

步骤3: 挑选书本中未列出的其他软文发布平台,把相关信息填写在表8.2.1中。

表8.2.1 其他软文发布平台列表

序 号	平台名称	侧重哪类软文发布
1		
2		
3		
4		
5		

步骤4: 完成后,在老师的指导下进行相互交流分享。

步骤5: 教师点评学生的收集列表,教学生如何有目的地选择合适的发布平台。

活动评价

陈思豪等同学通过本次学习,更加了解了软文发布的相关知识,同时在自主学习中体会到软文发布在不同平台所体现出来的影响力,这让他们对软文的学习更加有兴趣,同时也加深了对软文发布平台的认识。

合作实训

实训名称: 尝试在软文宝发布企业软文。

实训背景: 陈思豪所在的E电园有一篇关于水晶艺术灯饰的软文需要发布,陈思豪他们凭借所学的软文发布知识,想利用本次机会把企业的软文发布出去,让自己所学的知识得到实践,因此他们向企业提出申请。

实训目的: 通过实践,加深对软文发布平台的了解,巩固软文发布方面的知识,锻炼根据软文内容选择合适的发布平台的能力,培养诚信守法意识。

实训过程:

步骤1: 陈思豪及其小组成员向企业提出申请,企业同意其请求,并提出要求。

步骤2: 陈思豪负责在软文宝上注册账号(见图8.2.7),其他组员负责了解软文宝平台业务及运作流程。

步骤3: 王星亮负责与软文宝主管进行沟通,咨询相关问题(见图8.2.8)。

步骤4: 沟通完成后,胡柏群负责把企业软文放到合适的网站平台进行发布(见图8.2.9)。

步骤5: 软文发布成功后,陈思豪负责监测发布软文的关注程度及转载情况。

步骤6: 撰写本次软文发布报告,总结软文发布后的关注情况及产品销售情况,分析所选择的发布平台是否合适,总结经验。

实训小结: 软文发布是软文传播的重要环节,通过本次实训活动,小组成员了解了软文发布平台的概念、作用及常见的发布平台,同时深刻体会到不同性质的软文选择不同的发布平台会对软文的传播产生很大的影响。

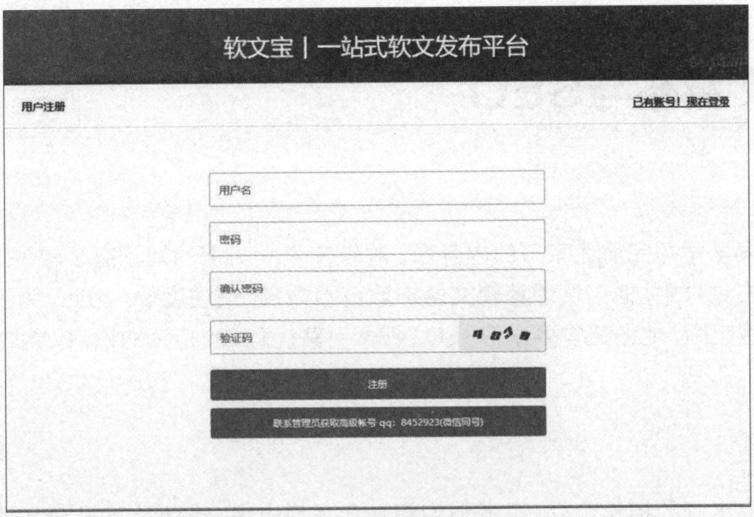

图8.2.7　软文宝注册界面

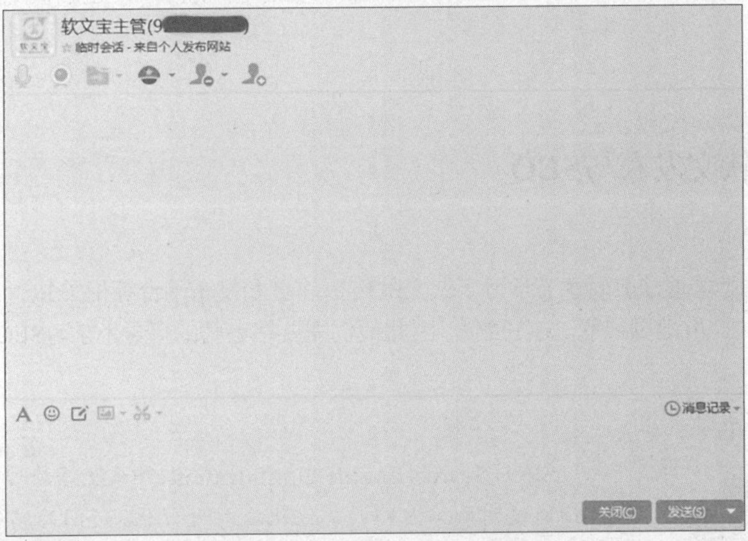

图8.2.8　软文宝沟通对话界面

图8.2.9　选择媒体平台

任务3 认识软文发布与SEO

情境设计

陈思豪等同学学习完前面章节的内容后，对软文发布方面的知识有了较深入的了解，在尝试软文发布过程中，他们发现其软文的扩散范围很窄，关注度低。因此，为了扩大软文的影响力及扩散范围，他们还需要学习SEO（搜索引擎优化）的相关知识，以完成企业安排给他们的任务。

任务分解

在学校专业老师的指导下，陈思豪他们组成了学习小组，借助计算机网络平台和多媒体资源，学习软文发布与SEO的相关知识，并进行相关实践，为完成企业安排的任务作准备。

任务实施

活动 认识软文发布与SEO

活动背景

陈思豪3位同学通过前面章节学习了软文的传播途径和发布平台等相关知识，但是他们发现他们发布的软文扩散范围很窄，关注度低。因此他们需要在老师的指导下学习SEO的有关知识。

知识窗

1.什么是SEO

图8.3.1 什么是SEO

SEO（Search Engine Optimization）中文翻译为搜索引擎优化，是指通过对网站内部调整优化及站外优化，使网站满足搜索引擎收录排名需求，在搜索引擎中提高关键词排名，从而把精准用户带到网站，获得免费流量，达到产品销售或品牌推广的目的（见图8.3.1）。

搜索引擎排名优化直接的作用就是，为网站带来流量。当然，简单的优化是需要与优质内容相配合的，不然不可能产生引流的效果。当网站流量提升之后，对应的网站权重就可以得到累积。网站权重从某种意义上来说，代表着网站所能获取的流量天花板。只有不断地提升网站权重，才可以逐渐提升自己网站的业内影响力。

2.SEO的内容

SEO的内容主要包括内部优化与外部优化。

（1）内部优化

内部优化是指在对一个网站进行SEO时，对网站内部做出的符合搜索引擎算法的改变。随着搜索引擎算法的改变，内部网站优化技术由于在SEO中占据越来越重的比例而被SEO工作者重视。它包括以下的优化内容：

①Meta标签优化：如Title、Keywords、Description等的优化（见图8.3.2）。

什么是Meta标签？简单来说，它就好比你家的门牌号，快递员去给你家送快递，可是没有门牌号，于是就找不到你家。站内没有meta标签，也是一样的情况，网站人为地加入一些meta标签，就会让搜索蜘蛛认为你的网站是友好的，网站收录和客户检索都会相当方便，是内部优化的一个重点。

②内部链接的优化：包括相关性链接（Tag标签）、锚文本链接、各导航链接及图片链接优化（见图8.3.3）。

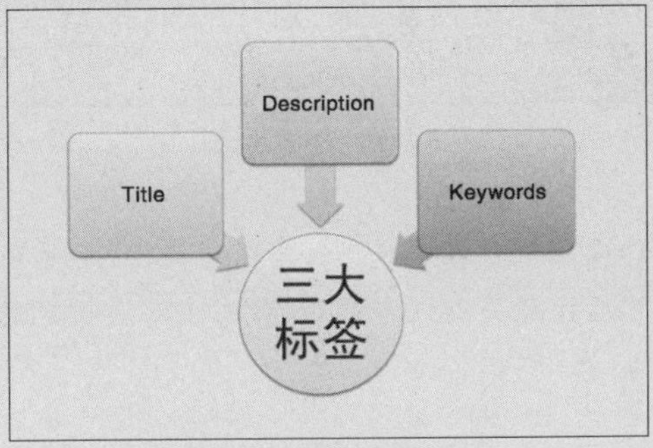

图8.3.2　Meta标签优化

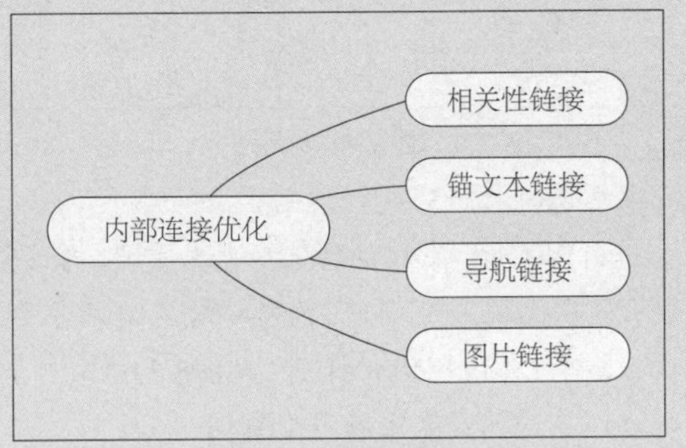

图8.3.3　内部链接优化

链接相关性，是指与站点做链接的页面内容相关，这是搜索引擎排名要考虑的一个很重要的因素。也就是说，网页链接的内容越相关，搜索引擎给予它的等级就越高。

锚文本是链接上可以被点击的文字，它通常被放在锚标记A标签中间，锚文本主要作用是描述链接页面的一些情况，锚文本写得越好，用户浏览网站就越容易，搜索引擎也能更容易地理解链接到的页面内容。

网站内部导航（也可称面包屑导航链接）就好比一个指南针，可以让浏览我们网站的人明白自己的坐标，以及下一步应该前进的方向，可以作为网站各个层级之间的一个快速通道，从侧面体现出网站的架构等级，方便用户的操作，提升用户的体验。

图片的优化对于网站页面来说也非常重要。由于搜索引擎读取图片的困难，所以在一般的写作中，需要对添加的图片，进行Alt标签注释。所有的图片都拥有一个Alt属性，对于图片的优化主要是针对这个属性的优化。优化图片的Alt属性可以使得图片搜索引擎能更好地理解图片。

③网站内容更新：每天保持网站内容的更新，主要是文章的更新。

文章需要每天更新。一般来说，一天更新3~5篇文章。因为SEO每天都需要快照更新，所以我们要养成每天被搜索引擎抓取网站的习惯。

（2）外部优化

外部优化是指从其他网站导入自己网站的链接。导入链接对于网站优化来说非常重要，它的质量直接决定了自己的网站在搜索引擎中的权重。它包括以下的优化内容：

①外部链接类别：博客、论坛、B2B、新闻、分类信息、贴吧、问答、百科、社区、空间、微信、微博等（见图8.3.4），相关信息网尽量保持链接的多样性。

②外链组建：每天添加一定数量的外部链接，使关键词排名稳定提升。

③友链互换：与一些相关性比较高、整体质量比较好的网站交换友情链接，巩固关键词排名（见图8.3.5）。

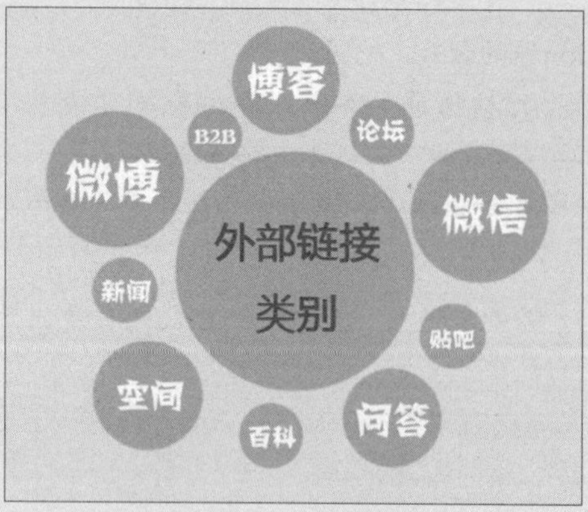

图8.3.4 外部链接类别

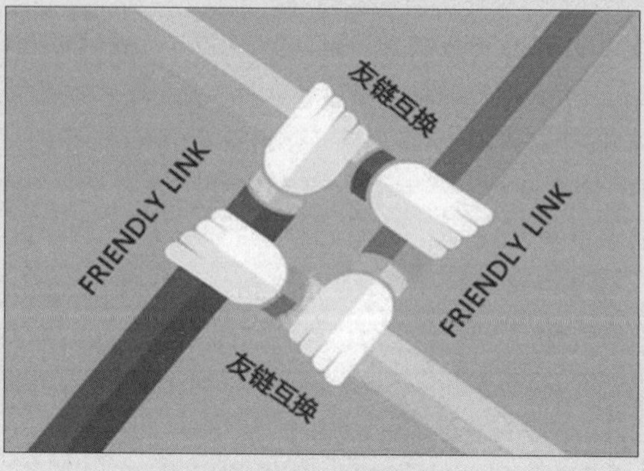

图8.3.5 友链互换

3.关键词选择

进行SEO时，关键词的选择尤为重要，很多SEO操作者都在考虑怎么合理地优化自己网站的关键词。在优化关键词前，首先要对关键词分类，然后按照关键词分类的标准，安排关键词的优化步骤，制订关键词优化计划（见图8.3.6）。

（1）不同网页优化不同关键词

网站的主关键词要用网站首页来优化，主关键词一般选3~5个，长尾关键词用文章页来优化，一般一个文章页优化只有一个长尾关键词，最多不要超过3个，因为文章页的权重是有限的，如果太多，会减少页面权重。

（2）关键词的突出度

关键词应该出现在网页的<title>标签和<meta>标签中，突出关键词的位置，当搜索引擎抓取一个页面时，是从上到下顺次读取代码。被它第一个抓取到的文本，它就认为非常重要，所以你的关键词越靠近网页顶部越好。

（3）关键词的密度与频率

关键词的密度是指某个关键词出现的个数占网页全部字数的比重。关键词的频率就是指这个关键词实际在这个网页出现的次数。相对来说，关键词出现的频率越高，关键词的密度也就越大。关键词的密度与频率并不是越高越好，因此，在做优化处理时一定要注意关键词的密度与频率，要让关键词的出现合乎常理。一般建议关键词的密度在2%~8%是较为适当的，有利于网站在搜索引擎中的排名。

图8.3.6 关键词选择

4.网站SEO步骤

SEO技术并不是简单的几个建议，而是一项需要足够耐心和细致的脑力劳动。

SEO主要分为8个步骤：

步骤1：关键词分析（也称关键词定位）。

这是进行SEO最重要的一环，关键词分析包括：关键词关注量分析、竞争对手分析、关键词与网站相关性分析、关键词布置、关键词排名预测。

步骤2：网站架构分析。

网站结构符合搜索引擎的搜索规则有利于进行SEO。网站架构分析包括：剔除网站架构不良设计、实现树状目录结构、网站导航与链接优化。

步骤3：网站目录和页面优化。

SEO不仅是让网站首页在搜索引擎中有好的排名，更重要的是让网站的每个页面都带来流量。

步骤4：内容发布和链接布置。

搜索引擎关注有规律的网站内容更新，所以合理安排网站内容发布日程是SEO的重要技巧之一。链接布置则把整个网站有机地串联起来，让搜索引擎明白每个网页的重要性。

步骤5：与搜索引擎对话。

向各大搜索引擎提交尚未收录的站点。查看SEO的效果，通过site：你的网站域名，可以知道站点的收录和更新情况。通过domain：你的网站域名或者link：你的网站域名，可以知道站点的反向链接情况。若想更好地实现与搜索引擎对话，建议采用百度网站管理员工具。

步骤6：建立网站地图SiteMap。

根据自己的网站结构，制作网站地图，让你的网站对搜索引擎更加友好化。让搜索引擎通过SiteMap就可以访问整个站点上的所有网页和栏目。网站最好有两套SiteMap，一套方便用户快速查找站点信息（html格式）；另一套方便搜索引擎得知网站的更新频率、更新时间、页面权重（xml格式）。建立SiteMap时一定要和你的网站实际情况相符合。

步骤7：高质量的友情链接。

建立高质量的友情链接，对于SEO来说，可以提高网站PR值以及网站的更新率，这是非常关键的。

步骤8：网站流量分析。

网站流量分析从SEO结果上指导下一步的SEO策略，同时对网站的用户体验优化也有指导意义。流量分析工具，建议采用TalkingData分析工具和百度统计分析工具。

活动实施

学一学　企业新网站 SEO 推广，可以遵循以下步骤。

步骤1：视频教程宣传。当一个新网站上线后，没有权重，没有收录，没有流量，可以说什么都没有，可以录制视频教程快速获得网站流量，提高权重。

步骤2：建立友情链接。网站有了权重，可以去寻找权重收录比较快的网站做友情链接，做好友情链接网站收录就自然而然变快了。

步骤3：新闻推广。有了一定资源后，文笔好的可以在门户网站或新闻网站的相关频道去投稿，用知识在门户网站吸引用户关注。

步骤4：搜索引擎产品建立。有了资源后在百度、搜狗、360等搜索引擎网站推广网站的知名度，用在门户网站发布的新闻报道作百科参考资料建百科，帮助网站飞速发展。

步骤5：问答推广。当网站有了一点点知名度就可以去问答平台推广网站的关键词，目的是去建立信任度。

步骤6：吸引作者。网站有了知名度，可以到处去发现作者，把他们吸引过来为网站写文章。有了这些人的加入，网站的更新收录会更加容易。

步骤7：申请新闻源。当网站已经很优秀了，可以24 小时更新高质量的文章，而且权重已经比较高，这时就可以申请新闻源。有了新闻源，站长和其他作者就有更多的时间去问答或者联系其他网站帮忙宣传。

步骤8：广撒大网。网站不是一个独立的链接，它是一个完整的圈子，把网站提交给一些知名的导航网。还可以到站长之家网站排名去提交，让网站也进入排名。

利用互联网搜一搜新网站SEO推广的其他方法，填写表8.3.1，并进行比较学习。

表8.3.1　企业新网站SEO推广

步　骤	内　容
1	
2	
3	
⋮	

找一找　查找几个目前市场上 SEO 做得比较好的企业的案例，并进行分析。

步骤1：打开IE浏览器，输入百度引擎地址，打开百度搜索页面。

步骤2：在百度搜索引擎文本框中输入：SEO案例。

步骤3：把你认为比较好的案例按表8.3.2中的内容要求进行填写。

表8.3.2　企业网站SEO案例

企业名称				
案例分析 （成功之处）				

步骤4：完成后，在老师的指导下分组进行交流分享。

步骤5：把企业网站SEO案例交给老师。

步骤6：老师对收集的案例进行点评，选出几个较好的案例与同学们分享。

活动评价

陈思豪及其小组成员通过活动，初步了解了SEO的概念、优化的内容、网站SEO的步骤以及企业新网站SEO推广的方法。通过互联网的学习，加深了解了软文发布与企业网站SEO推广的关系。在学习过程中，他们更注重自主学习，独立分析问题。

合作实训

实训名称：借助网站优化软件优化企业网站排名。

实训背景：陈思豪等3位同学对SEO的知识有了更多的了解，对网站优化很感兴趣，想为企业网站能在各大搜索引擎的排名提升出把力，同时优化企业的网站。为让班级里的同学也一起学习网站的SEO，他们主动向老师提出策划一次“借助网站优化软件优化企业排名”的实践活动。

实训目的：学会下载网站优化软件，熟悉软件界面操作，掌握如何提取关键词及优化网站排名。

实训过程：

步骤1：以陈思豪为小组长的学习小组向老师提出实践活动的想法及策划方案。

步骤2：学习小组发动和组织同学参加学习实践，介绍网站优化软件的操作。

步骤3：打开addpv网站（见图8.3.7），组织同学了解网站内容。

图8.3.7　addpv网站界面

步骤4：下载网站优化软件，并进行安装、注册。

步骤5：学习小组组织同学对提供的企业网站，利用优化软件（见图8.3.8）进行优化实践。

图8.3.8　优化软件运行界面

步骤6：指导同学填写优化结果报告，并收集报告。

步骤7：上交同学们的优化结果报告给老师。

步骤8：学习小组讨论、总结本次活动组织的得失。

实训小结：通过组织本次实践活动，小组成员更加深入地学习企业网站SEO的知识，掌握了利用优化软件帮助网站进行优化的操作，在了解利用优化软件提高网站优化效率的同时，也了解了它的不足。通过本次学习活动，他们更加清楚，要让网站通过SEO达到更高的排名，仍需要学习更多的相关知识。

项目总结

企业软文想要迅速得到推广，产生强大的影响力，提高产品销售，需要选择合适的软文发布平台。陈思豪等同学通过本任务内容的学习，了解了软文发布平台的概念，学会了如何选择软文发布平台，熟悉了软文发布平台的基本操作等，为宣传企业产品、推广企业软文作好了准备。

项目检测

1.单项选择题（每题只有一个正确答案，请将正确的答案填在括号中）

（1）要想从琳琅满目的商品中脱颖而出，软文必须从（　　）的角度，挖掘产品的卖点。

A.厂商　B.卖方　C.消费者　D.商品

（2）一些B2B网站的后台，都设有新闻发布的功能。便于优化人员在商铺中发布企业或者产品新闻。这属于软文传播路径中纵向传播的哪一种？（　　）

A.内页路径　B.论坛路径　C.软文路径　D.商铺路径

（3）如果自己软文写作能力一般，投稿通过率比较低，可以采取（　　）方式获取软文外链。

A.付费发布　B.文章投稿　C.资源互换　D.友情链接

（4）哪项不属于软文发布平台的种类？（　　）

A.B2C销售平台　B.网络收藏夹、文摘平台

C.博客论坛系列平台　D.问答百科系列平台

（5）下列哪项属于问答百科系列平台？（　　）

A.百度收藏夹　B.百度百科　C.百度贴吧　D.58同城

（6）（　　）是一种网络营销方式，通过微博的发布与讨论，营销产品或者服务。

A.博客营销　B.微博营销　C.广告营销　D.论坛营销

（7）下列属于外部优化的是（　　）。

A.Meta标签优化　B.内部链接的优化　C.网站内容更新　D.友链互换

2.多项选择题（每题有两个或两个以上的正确答案，请将正确的答案填在括号中）

（1）通过软文获得销量提升的途径有（　　）。

A.软文的定位要准确　B.从消费者的角度出发

C.必须要有好标题　D.软文要有故事性

（2）软文在（　　　　）上发挥了巨大的作用。

A.树立企业品牌　　B.提高企业知名度

C.传播企业的理念　　D.塑造企业的美誉度

E.营销推广

（3）软文的传播路径有（　　　　）。

A.横向传播　　B.物理传播　　C.虚拟传播　　D.纵向传播

（4）软件外链的优势有（　　　　）。

A.权重高　　B.相关性好　　C.稳定性好　　D.广泛性好

（5）软文发布平台中的3个主要环节包括（　　　　）。

A.确定推广的策划方案

B.确定软文编辑的方向

C.软文编辑的细节因素

D.准确的时间、准确的发布、准确的站点栏目

（6）软文三境界包括（　　　　）。

A.垃圾广告　　B.正面报道　　C.三赢做法　　D.营销推广

（7）软文三赢做法包括（　　　　）。

A.读者获利　　B.作者获利　　C.媒体获利　　D.企业获利

（8）SEO的内容主要有（　　　　）。

A.人员优化　　B.外部优化　　C.企业优化　　D.内部优化

3.判断题（正确的画“√”，错误的画“×”）

（1）标题的好坏，往往决定软文能否获得广泛关注，因此标题的权重要占到软性传播的80%。（　　）

（2）要想吸引消费者的注意，软文应该重视挖掘产品的卖点。（　　）

（3）软文的作用在于传播，与大多数广告的作用是相同的。（　　）

（4）要想通过一篇文章的引导，让读者再去读另一篇文章，除了可以用超链接外，优化人员还应该注重关键词的填写。（　　）

（5）由于软文是我们自己编写的，所以软文内容是可以控制的，也可以用来提升外链的相关性。（　　）

（6）软文发布作为一种营销方式，写好软文就行了。（　　）

（7）微信拥有一个闭环的营销环境，和其他的营销渠道不能沟通。（　　）

（8）软文的标准件就是把企业给外界说的话统一起来，避免重复性的工作，也避免企业对外口径不一致的现象。（　　）

（9）软性广告通常是指电视媒介进行宣传或者是电影放映形式的广告，现在也包括一些户外的广告。（　　）

（10）导入链接对于网站优化来说是非常重要的一个过程，导入链接的质量直接决定了网站在搜索引擎中的权重。（　　）

4.简述题

（1）软文发布内容就是新闻内容的发布，企业从哪几个方面最容易挖掘到新闻点？举例说明。

（2）如何做好关键词的优化？请简述优化过程。

5.案例撰写题

通过团队合作为招聘企业写一篇软文，选择合适的软文发布平台发布，最后进行SEO。为这次活动记录下每一个步骤，并在班上分享，最后由老师选择出最佳的团队给予相应的加分奖励。

团队名称	软文题目	软文发布平台	优化方案	活动记录

项目9
树立软文写作的职业道德与法律意识

回 项目综述

陈思豪等同学在了解软文写作的技巧和宣传发布相关知识后，还需要掌握软文写作与发布需要遵守的职业道德以及法律的内容。软文不仅仅是一种传播行为，也是一种艺术形式。有些软文运用了高超的艺术手法，在带给读者（顾客）准确的产品信息的时候，也带给读者（顾客）一种美的享受。而有些软文借着“修辞手法”的幌子，说一些假的、空的、不负责任的、诱使人上当的言论，那么这些虚假的软文则违背道德，甚至可能违法。陈思豪他们需要学习有关软文写作的职业道德和法律意识方面的知识，为未来从事软文写作规避风险。

回 项目目标

通过本项目的学习，应达到的具体目标如下：

知识目标

◇了解软文写作的职业道德

◇熟悉软文写作的相关法律知识

能力目标

◇掌握软文写作的道德风险

◇熟知新广告法中对软文广告的用词规范管理

◇能判断软文中的广告宣传是否合法合理

素质目标

◇树立正确的经济观、法律观

◇培养学生对软文广告创作的社会责任感

◇培养学生良好的法律意识

项目思维导图

- 树立软文写作的职业道德与法律意识
  - 遵守软文写作的职业道德
    - 了解软文创作的职业要求
    - 做一名具有社会责任感的软文写手
  - 树立软文写作的法律意识
    - 树立软文写作的法律意识

任务1 遵守软文写作的职业道德

情境设计

陈思豪等同学已经学习了软文写作方面的技巧和方法，也知道发布软文的方式方法，但是，软文写作完成后，怎么判断是否符合新闻广告媒体传播的职业道德呢？于是他们去学习软文写作的职业道德方面的内容。

任务分解

为了更清楚地了解软文写作所要遵守的职业道德和要求，陈思豪他们需要了解软文写作有哪些职业道德要求。利用网络查找案例以及查阅相关资料，他们分别从软文创作的职业要求——市场导向性、文化内涵和语言规范性等方面进行学习，力争成为一个具有社会责任感的软文写手。

任务实施

活动1　了解软文创作的职业要求

活动背景

陈思豪等 3 位同学对软文写作的技巧和方法等有了较深的学习，但是对于软文写作需要具备哪些职业要求，他们并不熟悉，因此，专业老师带领他们学习软文创作的职业要求方面的知识，然后通过小组活动巩固相关知识点。

知识窗

软文的创作，需要具备的职业要求：

1.清晰的市场导向

软文是一种商业宣传载体，必须要有清晰明确的市场导向，这是软文必须要遵守的规则，也是衡量软文效果的基本原则。软文的市场导向主要通过两个标准实现：一是对产品的促销效果；二是对品牌的形象塑造。软文写作和宣传，必须以产品为核心，不管采用什么手法描述，文案的重心在于产品而不是其他方面，要把产品的特点和功效清晰、准确地表达出来，这样才能让受众接受并且产生购买的欲望，实现软文宣传的目的。对品牌形象的塑造效果也是市场导向的重要表现，奥格威说过“广告就是要力图使品牌具有并且维持一个高知名度的品牌形象”。这个标准要求软文保持与品牌一贯的风格，也要求软文不能忽略对品牌的关注。

事实证明，经典的文案总是丰富的内涵和优美的语句的结合体。某钻石“钻石恒久远 一颗永流传”这句文案，不仅道出了钻石的真正价值，而且也从另一个层面把爱情的价值提升到足够的高度，使人们很容易把钻石与爱情联系起来，也把爱情和这个品牌联系在一起，这的确是最美妙的感觉，有效地宣传了自己品牌（见图9.1.1）。

图9.1.1　某钻石广告

2.具有一定的文化底蕴

软文是一种文化现象，所以创作过程中不可能与文化剥离。文案要说服受众，不能生拉硬扯，牵强附会，而是要对目标受众的内心世界发动攻势。例如，景田百岁山矿泉水文案背后暗藏的故事。

“不解风情的真相”笛卡尔、公主与心形曲线

那时，落魄、一文不名的笛卡尔过着乞讨的生活，全部的财产只有身上穿的破破烂烂的衣服和随身所带的几本数学书籍。生性清高的笛卡尔从来不开口请求路人施舍，他只是默默地低头在纸上写写画画，潜心于他的数学世界。

一个宁静的午后，笛卡尔照例坐在街头，沐浴在阳光中研究数学问题。他如此沉溺于数学世界，身边过往的人群、喧闹的车马队伍都无法对他造成干扰。

突然，有人来到他旁边，拍了拍他的肩膀：“你在干什么呢？”笛卡尔扭过头，看到一张年轻秀丽的脸庞，一双清澈的眼睛如湛蓝的湖水，楚楚动人，长长的睫毛一眨一眨的，期待着他的回应。她就是瑞典的小公主，国王最宠爱的女儿克里斯汀。她蹲下身，拿过笛卡尔的数学书和草稿纸，和他交谈起来。言谈中，他发现，这个小女孩思维敏捷，对数学有着浓厚的兴趣。

和女孩道别后，笛卡尔渐渐忘却了这件事，依旧每天坐在街头写写画画。几天后，他意外地接到通知，国王聘请他做小公主的数学老师。满心疑惑的笛卡尔跟随前来通知的侍卫一起来到皇宫，在会客厅等候的时候，他听到了从远处传来银铃般的笑声。转过身，他看到了前几天在街头偶遇的女孩子。慌忙中，他赶紧低头行礼。

从此，他当上了公主的数学老师。

公主的数学在笛卡尔的悉心指导下突飞猛进，他们之间也开始变得亲密起来。笛卡尔向她介绍了他研究的新领域——直角坐标系。通过它，代数与几何可以结合起来，也就是日后笛卡尔创立的解析几何学的雏形。在笛卡尔的带领下，克里斯汀走进了奇妙的坐标世界，她对曲线着了迷。每天形影不离也使他们彼此产生了爱慕之心。

在瑞典这个浪漫的国度里，一段纯粹、美好的爱情悄然萌发。

然而，没过多久，他们的恋情传到了国王的耳朵里。国王大怒，下令马上将笛卡尔处死。在克里斯汀的苦苦哀求下，国王将他放逐回国，公主被软禁在宫中。

当时，欧洲大陆正在流行黑死病。身体孱弱的笛卡尔回到法国后不久，便染上重病。在生命进入倒计时的那段日子，他日夜思念的还是街头偶遇的那张温暖的笑脸。他每天坚持给她写信，盼望着她的回音。然而，这些信都被国王拦截下来，公主一直没有收到他的任何消息。

在笛卡尔给克里斯汀寄出第十三封信后，他永远地离开了这个世界。此时，被软禁在宫中的小公主依然徘徊在皇宫的走廊里，思念着远方的情人。

这最后一封信上没有写一句话，只有一个方程：$r=a(1-\sin\theta)$。

国王看不懂，以为这个方程里隐藏着两个人不可告人的秘密，便把全城的数学家召集到皇宫，但是没有人能解开这个函数式。他不忍看着心爱的女儿每天闷闷不乐，便把这封信给了她。拿到信的克里斯汀欣喜若狂，她立即明白了恋人的意图，找来纸和笔，着手把方程图形画了出来，一颗心形图案出现在眼前，克里斯汀不禁流下感动的泪水，这条曲线就是著名的“心形线”。

国王去世后，克里斯汀继承了王位，登基后，她便立刻派人去法国寻找心上人的下落，收到的却是笛卡尔去世的消息，留下了一个永远的遗憾……

这封享誉世界的另类情书，至今，还保存在欧洲笛卡尔的纪念馆里。

（源自艾美纪新媒体）

景田百岁山把这个故事搬到大银幕，并且结合电视广告节点，撰写文案在各大论坛和网站发布，让看完广告摸不着头脑的大众，有了强烈的求知欲，再把其中的故事以文案的形式公之于世，顺利地引起了大众的疯狂传播。把文化底蕴和故事暗藏在文案中，是一种软文写作的职业素养和能力，如果没有对企业文化的深刻认知是不可能写出感情如此细腻的软文的（见图9.1.2）。

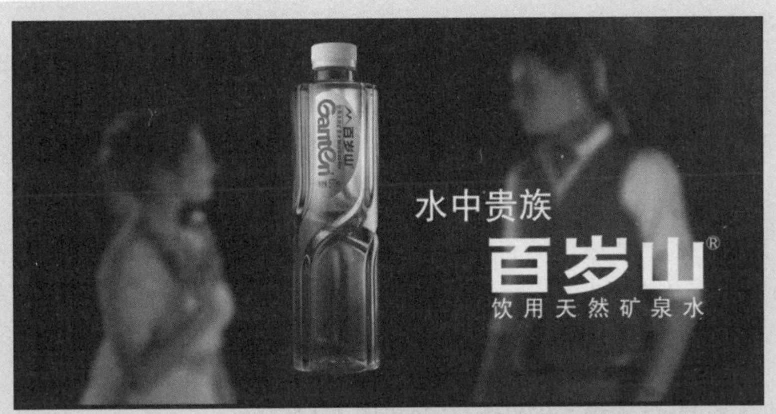

图9.1.2　景田百岁山矿泉水广告

3.尊重语言本身的使用规范

软文不只承担着推销商品的职能，同时还承担着特定的社会职能，不能为了单纯追求商业效果而忽视社会影响。

语言是我们日常生活中重要的交际工具，为了能够达到交流思想、沟通信息的目的，在交流中必须遵守一定的语言规范。软文是一种特殊的交流工具，也是实现某种特定传播效果的语言汇集。它展现了很多独具特色的地方，但不能违背语言的规范，这是对软文写手在写作时提出的规范用语的职业要求。如果用语稍有不慎就会适得其反，破坏人们对正常语言规则的理解。

4.尊重原创，保护知识产权

在软文写作过程中要坚持自主创新，尊重原创，增强知识产权保护意识，共同推进商业文明的进步。对于特别好的软文，我们可以借鉴，可以借鉴写作手法，也可以借鉴一个例子、一句真理名言，但是不能将全文直接变成自己的新软文。

活动实施

改一改　尝试修改软文案例。

步骤1：利用网络选择合适的搜索引擎寻找案例，搜索两个不符合软文营销创作要求的案例，指出存在的问题，填写表9.1.1。

表9.1.1　案例收集表

序　号	案例名称	存在的问题
1		
2		

步骤2：在老师的指导下，选择一则案例，按软文创作清晰的市场导向、具有文化底蕴、规范使用语言文字、尊重原创的要求，修改文案。

步骤3：把修改内容用红色文字标明，完成后交给老师。

试一试　独立完成软文文案的写作。

步骤1：老师指定商品，并且给出文字要求。

步骤2：学生根据商品属性和要求，按照软文创作的3个要求创作文案。

步骤3：成立学习小组，4人一组，小组成员间交换方案，相互修改并且检查是否符合软文创作的要求。

步骤4：修改完成后，各小组讨论交流，进一步加深对软文写作要求的理解。

活动评价

陈思豪及其小组成员通过活动，初步了解了符合软文创作的基本要求，利用互联网搜索案例，更深入地了解软文创作的要求，学会分析怎样的软文才会被商家、客户、公众接受和认可。在学习过程中，老师给出制订的商品或者案例，经过学习，他们学会判断软文是否符合要求。

活动2 做一名具有社会责任感的软文写手

活动背景

陈思豪他们通过上次的学习，对软文创作的基本要求有了初步了解，为了学习如何成为一位具有社会责任感的软文写手，他们需要在专业老师的指导下继续学习，通过小组活动了解和学习软文写手需要具有哪些社会责任。

知识窗

作为软文写手，我们不能因为某些不良利益而丧失社会责任，撰写软文不能违背职业道德和产品事实。

1.对产品、顾客和品牌负责

对产品的描述不能过于夸大，应忠于产品事实。在当今商品经济时代，很多不负责任的广告商或软文作者，利用“巧言令色”去欺骗消费者，坚持实事求是反而显得弥足珍贵。软文营销对产品负责实则是对顾客负责，过于夸大或虚假的软文营销，使得顾客对产品期待值变高，容易导致顾客购买到不符合自己意愿的产品甚至购买了劣质产品，这样顾客会对产品失去信心，从而对产品品牌造成伤害。软文写作需要时刻保持品牌意识，这样就要求作者必须要了解品牌的故事、文化、理念，在创作过程中忠于产品事实，渗透产品品牌文化和理念，对产品、顾客和品牌负责。

2.对社会公众负责

软文会对社会公众产生引导作用，因此，必须树立以下的道德标准。首先，要树立高度的政治责任感，软文广告的导向必须要与国家法律法规、社会主义核心价值观保持一致。其次，要树立高度的社会责任感，向受众传递健康的价值观。在软文写作时，要努力结合企业价值，促进产品提高社会经济效益，这是软文创作者努力追求的目标。

软文所承载蕴含的思想、理念往往于无形之中影响受众的思想观、道德观、价值观、审美观。有悖于传统道德或社会价值观念的文字诉求对于成年人来说，会令其产生排斥甚至反感，而对于未成年人来说，错误的价值引导使其心灵遭受不健康思想的侵袭，不利于其人格和身心的健康发展。所以，软文的撰写应传递健康的社会价值观。

企业竞争必须要树立正确的利义观，明确义和利的关系，软文推广作为企业竞争的一种手段，其写作也应如此。商务软文带有商业目的来传递信息，虚假、失实、夸张的信息对消费者来说视为不义，贬损、诋毁、恶言中伤竞争对手对竞争对手来说也视为不义。不义之利不取，不义之行不为，违反道德法律，危害社会和损害消费者利益的不义之利断不可取。诚信是企业发展的基石，也是企业价值的根本，软文宣传要结合企业价值，真实传递信息，促进产品提高社会经济效益，若企业失信，软文宣传失实，会给企业带来诚信危机，甚至会毁灭一个品牌或一家企业。

活动实施

搜一搜　搜索违背法律或社会道德的企业案例及其相关软文。

步骤1：分组，4人为一小组，以小组为单位进行分工合作。

步骤2：利用网络搜索引擎，搜索违背法律或社会道德的企业案例及其相关软文，并认真阅读相关的软文，完成表9.1.2的填写。

步骤3：小组间相互交流，派代表进行小结。

表9.1.2　阅读企业软文

序　号	企业名称	软文名称	存在的问题
1			
2			
3			
4			

合作实训

实训名称：调查软文推广受职业道德影响情况。

实训背景：陈思豪等3位同学通过学习和案例分析，了解了软文写作的职业道德和要求，准备对遵守软文写作职业道德的商家进行一次软文推广效果的调查，了解社会和公众对于商家的商务软文的接受是否会受到软文职业道德的影响。

实训目的：加深了解遵守软文写作职业道德和要求的重要性。

实训过程：

步骤1：先向专业老师阐明活动目的，组建活动策划小组，选定活动小组组长。

步骤2：共同制订本次调查的方案，将活动方案提交给班主任，申请相关活动经费，用于支付问卷和咨询费用。

步骤3：小组分工，选定具体可行的调查对象，并且选定相当数量的软文推广产品用于对比，对比的产品必须特色鲜明，具有代表性和使用广泛性。

步骤4：制订并印制好调查问卷，准备问卷的小礼品。

步骤5：联系好商家进行调查、填写问卷，归纳、统计数据。

步骤6：根据调查进行分析，对比产品软文广告哪一个会更受消费者的欢迎，填写表9.1.3。

表9.1.3　调查表

软文标题	产品类型	消费者选购情况	影响程度	原因分析

实训小结：通过走访调查，进行数据分析，对比软文宣传及产品销售效果和社会责任感之间的关系，分析产品软文宣传的客户责任感、公众责任感对消费者的产品选择和客户忠诚的相关性。活动让大家更清晰地认识到软文作者的社会责任感、职业道德和要求。

任务2 树立软文写作的法律意识

情境设计

陈思豪等同学了解了软文写作的一些职业道德，但是，仅有职业道德的约束是不够的，软文写作还要遵守相关法律法规，树立法律意识。他们通过学习修订后的《中华人民共和国广告法》，了解软文内容的法律要求，更加清楚遵守法律法规的重要性。

任务分解

此次学习法律知识活动，在专业老师的讲授和指导下，通过网络和相关材料学习，主要是熟悉相关法律法规知识，增强法律意识，规避法律风险。

任务实施

活动　了解广告法

活动背景

陈思豪等同学通过上次任务的学习后，对软文作者需要遵守的职业道德和要求有所了解，现在需要深入学习软文写作相关法律方面的知识。在专业老师的指导下，他们进行了相关学习。

知识窗

2021年4月29日，第十三届全国人民代表大会常务委员会第二十八次会议对《中华人民共和国广告法》（以下简称《广告法》）进行了第二次修订，与时俱进更加规范广告行为。而商务软文作为广告的一种形式，受广告法的约束。为了保护消费者的合法权益，《广告法》对广告作品中的语言做出了比较系统的规定，以下是从《广告法》中摘取的几条内容。

（1）广告应当真实、合法，以健康的表现形式表达广告内容，符合社会主义精神文明建设和弘扬中华优秀传统文化的要求。（《广告法》第一章第三条）。

（2）广告不得含有虚假或者引人误解的内容，不得欺骗、误导消费者。广告主应当对广告内容的真实性负责。（《广告法》第一章第四条）。

（3）广告主、广告经营者、广告发布者从事广告活动，应当遵守法律、法规，诚实信用，公平竞争。（《广告法》第一章第五条）。

以上3条法律主要是从思想导向上对广告进行了规范，软文广告也应遵守。软文内容及传播的信息保持真实性是软文能有效传播的根本，同时也是保护消费者合法权益不受伤害的基础。如果软文信息是虚假的，哪怕再优秀、再吸引人的语言文字都违反相关法律，不能发布和传播，一旦发布传播都会对受众的权益形成伤害。

（4）不使用“国家级”“最高级”“最佳”等用语。（《广告法》第二章第九条）在软文写作和文案宣传时，应遵守《广告法》，严禁使用极限用语，其中违反此条例案例如：某医疗美容机构发布包含“国内首家”“最前沿的整形技术、最精良的整形技法、最优秀的整形效果”“世界级的整形技术”的宣传内容，被罚款10万元。

（5）医疗、药品、医疗器械广告不得含有表示功效、安全性的断言或者保证。（《广告法》第二章第十六条）如：2019年12月17日，某公司皮炎平因在某娱乐节目第三季第4、6、7三期片尾小剧场中通过演员口播广告，但未标明禁忌、不良反应，也未标明“请按药品说明书或者在药师指导下购买和使用”字样，被罚款90万元。

（6）房地产广告，房源信息应当真实，面积应当表明为建筑面积或者套内建筑面积，并不得含升值或者投资回报的承诺。（《广告法》第二章第二十六条）如：2019年9月，北京某网络技术有限公司重庆分公司因发布含有“保障财富投资有回报”内容的广告，被罚款15万元。

（7）广告以虚假或者引人误解的内容欺骗、误导消费者的，构成虚假广告。（《广告法》第二章第二十八条），如：2019年11月26日，某公司某款“全静音破壁机”因在广告中却采用“始终静音”等虚假宣传，被罚款348万余元。

（8）《广告法》也要求：广告应当具有可识别性，能够使消费者辨明其为广告。大众传播媒介不得以新闻报道形式变相发布广告。通过大众传播媒介发布的广告应当显著标明“广告”，与其他非广告信息相区别，不得使消费者产生误解。

软文广告的最大优点是利用故事吸引读者，从而引导读者产生购买行为。这种方式的广告具有戏剧性，让读者看到了故事的开头，却没猜中广告的结尾，削弱了利益导向，反而容易被粉丝接受。在微信、微博、博客等媒体上发布具有广告性质的文章，需要标明“广告”。这条规定避免广告主以有偿新闻的形式误导受众。

活动实施

找一找　查找违反《广告法》的广告文案。

步骤1：利用网络搜索引擎，查找违反《广告法》的比较著名的广告文案，浏览相关信息。

步骤2：根据浏览的信息完成表9.2.1的填写。

步骤3：小组分析总结，分享交流。

表9.2.1　查找违反《广告法》的文案

序　号	企业名称	文案名称	违反的条例	处罚结果
1				
2				
3				
4				

活动评价

通过知识窗内容的学习和活动实践，有助于引导学生学习《广告法》的条例，树立法律意识。

合作实训

实训名称：寻找身边违反《广告法》的文案。

实训背景：陈思豪等3位同学通过学习和案例分析，了解了《广告法》对软文广告文案的要求，他们继续收集、分析、学习身边那些违反《广告法》的文案素材，以避免以后创作中违反法律法规。

实训目的：深入熟悉《广告法》相关条例，从身边案例中学习经验。

实训过程：

步骤1：陈思豪等3位同学利用网络搜索常见的微信、微博等平台的商务软文，寻找收集其中违反相应法律法规的案例。

步骤2：小组研讨收集的广告文案，判断文案违反哪一条法律法规，然后针对文案提出相应的修改意见，并尝试修改。

步骤3：请老师指导修改后的文案。

实训小结：陈思豪等同学通过网络学习，了解商家微信公众号或微博等平台发布的违反《广告法》的文案，通过分析文案，提出修改意见，尝试修改。通过实践，增强法律意识，提高软文创作中的法律判断力。

项目总结

职业道德是对本职人员在职业活动中的行为标准和要求，同时又是职业对社会所负的道德责任与义务。法律是每个公民必须遵守的行为准则。通过学习软文写作需要遵守的职业道德和相关法律，能够了解软文写作时规范文字要求和社会责任，培养学生的法律意识和道德观念，有利于学生学习成为一名优秀的软文作者。

项目检测

1.单项选择题（每题只有一个正确答案，请将正确的答案填在括号中）

（1）《广告法》第一章第三条要求广告应当真实、合法，符合（　　）要求。

A.社会主义精神文明　　B.社会主义法治建设

C.社会主义民主进程　　D.为人民服务宗旨

（2）广告不得使用（　　）和国家机关工作人员的名义。

A.社会团体　　B.国家机关　　C.企事业单位　　D.其他经济组织

（3）广告应当具有（　　），能够使消费者辨明其为广告。

A.可识别性　　B.新颖性　　C.独特性　　D.艺术性

（4）通过大众传播媒介发布的广告应当有（　　），与其他非广告信息相区别，不得使消费者产生误解。

A.新闻标记　　B.广告标记　　C.媒介标记　　D.专题标记

（5）（　　）应当对广告内容的真实性负责。

A.广告主　　B.广告发布者　　C.广告经营者　　D.广告代言人

2.多项选择题（每题有两个或两个以上的正确答案，请将正确的答案填在括号中）

（1）广告中不得含有下列哪些情形？（　　）

A.使用国家机关的名义或者形象

B.使用国家机关工作人员的名义或者形象

C.变相使用国家机关的名义或者形象

D.变相使用国家机关工作人员的名义或者形象

（2）下列哪些说法是错误的？（　　）

A.经过有关部门批准，广告中可以使用"国家级""最高级""最佳"等用语

B.广告不得妨碍社会安定，损害社会公共利益

C.经过国家机关同意，可以在广告中使用该机关的名义或者形象

D.未取得专利权的，不得在广告中谎称取得专利权

（3）广告内容应当遵循的准则有（　　）。

A.有利于人民的身心健康，促进商品和服务质量的提高

B.保护消费者的合法权益

C.遵守社会公德和职业道德

D.维护国家的尊严和利益

（4）广告不得使用（　　）等用语。

A.国家级　　B.最高级　　C.最佳　　D.正确

（5）软文创作应具备的职业要求有（　　）。

A.清晰的市场导向　　B.清晰的企业价值观

C.具有一定的文化底蕴　　D.尊重语言本身的使用规范

3.判断题（正确的画"√"，错误的画"×"）

（1）为了规范广告活动，保护消费者的合法权益，促进广告业的健康发展，维护社会经济秩序，制定《广告法》。（　　）

（2）利用互联网从事广告活动，不适用《广告法》的各项规定。（　　）

（3）大众传播媒介不得以新闻报道形式变相发布广告。（　　）

（4）广告可以贬低其他生产经营者的商品或者服务。（　　）

（5）广告主、广告经营者、广告发布者从事广告活动，应当遵守法律、法规，诚实信用，公平竞争。（　　）

4.简述题

（1）简述软文写作应具备的职业要求和遵守的职业道德。

（2）请列举5条常见的软文写作应遵守的《广告法》内容。

5.案例分析题

《某某日报》于2020年3月4日、8日、18日、19日共4次发布了“某某湖别墅花园”房地产项目的广告。广告中称该花园为“设施最全高尚别墅区，现房别墅入住最快，租用别墅价位最低，置业包租回报最高”等。该报社辖区内工商局认为上述广告内容违反了《中华人民共和国广告法》的相关规定，在社会上造成不良影响，该辖区内工商部门对其违法行为予以查办。

阅读案例回答：

（1）上述广告内容违反了《广告法》第几条规定？为什么？

（2）工商行政管理机关对上述情况应如何处理？

参考文献

[1]徐茂权．网络营销决胜武器：软文营销实战方法、案例、问题[M]．北京：电子工业出版社，2013.

[2]周慧敏．一句话打动消费者：软文营销实战写作与案例分析[M]．北京：中国铁道出版社，2015.

[3]江礼坤．网络营销推广实战宝典[M]．北京：电子工业出版社，2012.

[4]刘春青．网络推广[M]．北京：高等教育出版社，2015.

[5]刘春青．网络营销[M]．北京：清华大学出版社，2014.

[6]梁文．软文营销实战之道 [M]．北京：中国华侨出版社，2013.

[7]广东省职业技术教研室．在线营销技能与实践 [M]．广州：世界图书出版公司，2012.

[8]苏高. 软文营销从入门到精通[M]. 北京：人民邮电出版社，2015.

[9]严刚．字里行间的商业秘密——软文营销[M]．北京：清华大学出版社，2012.

[10]张立梅．广告文案创造——商人的诗行[M]．北京：经济管理出版社，2010.

[11]陈蕾．浅论对软文广告的认识及法律规范[J]．广告大观：理论版，2010(4)：37-41.

"十四五"职业教育国家规划教材

电子商务基础（第3版）
主编:钟雪梅
书号:978-7-5624-9541-3

电子商务物流（第3版）
主编:雷颖晖
书号:978-7-5624-9542-0

网络客户服务实务（第3版）
主编:廖文硕
书号:978-7-5624-9592-5

移动电子商务（第3版）
主编:容湘萍　肖学华
书号:978-7-5624-9595-6

网店运营（第3版）
主编:张雪玲
书号:978-7-5624-9978-7

网店装修（第3版）
主编:张文彬
书号:978-7-5689-0146-8

网络推广（第2版）
主编:许嘉红
书号:978-7-5689-0837-5

网络客户服务综合实训（第2版）
主编:詹益生
书号:978-7-5689-0976-1

未完，待续……

“十四五”职业教育国家规划教材

商务软文写作（第2版）
主编:唐汉邦
书号:978-7-5689-0979-2

网络广告制作精选案例（第2版）
主编:李浩明
书号:978-7-5624-8579-7

网上开店（第3版）
主编:欧阳俊
书号:978-7-5624-9770-7

网店美工实战（第2版）
主编:孙　令
书号:978-7-5689-2184-8

直播电商基础（第2版）
主编:彭　军
书号:978-7-5689-2966-0

网店运营综合实战
主编:吴　成　　王　薇
书号:978-7-5689-2965-3

网店视觉营销设计与制作
主编:叶丽芬
书号:978-7-5689-2964-6

跨境电子商务实务
主编:李晓燕
书号:978-7-5689-2980-6

未完，待续......